Lingua[gem] 89

DOMINIQUE MAINGUENEAU

VARIAÇÕES sobre o ETHOS

Tradução: MARCOS MARCIONILO

parábola

Direção: ANDRÉIA CUSTÓDIO
Diagramação e capa: TELMA CUSTÓDIO

CIP-BRASIL. CATALOGAÇÃO NA FONTE
SINDICATO NACIONAL DOS EDITORES DE LIVROS, RJ

A512d

Maingueneau, Dominique
Variações sobre o ethos / Dominique Maingueneau ; tradução Marcos Marcionilo. - 1. ed. - São Paulo : Parábola, 2020.
176 p. ; 23 cm (Lingua[gem] ; 89)

Tradução de: Variations sur l'ethos
Inclui bibliografia
ISBN 978-85-7934-183-0

1. Linguística. 2. Análise do discurso. I. Marcionilo, Marcos. II. Título.

20-62863 CDD: 401.41
CDU: 81'42

Meri Gleice Rodrigues de Souza - Bibliotecária CRB-7/6439

Direitos reservados à
PARÁBOLA EDITORIAL
Rua Dr. Mário Vicente, 394 - Ipiranga
04270-000 São Paulo, SP
pabx: [11] 5061-9262 | 5061-8075 | fax: [11] 2589-9263
home page: www.parabolaeditorial.com.br
e-mail: parabola@parabolaeditorial.com.br

ISBN: 978-85-7934-183-0

1ª edição - 1ª reimpressão: maio de 2021

Sumário

Prefácio

Durante mais de 2.000 anos, o conceito de ethos esteve reservado à arte oratória. Ele se introduziu na paisagem da análise do discurso no início dos anos 1980; mais foi um pouco mais tarde que veio a adquirir forte visibilidade[1]. E eu contribuí para a emergência dessa problemática ao desenvolver uma concepção pessoal do ethos (Maingueneau, 1984, 1987, 1999). Com o passar dos anos e das pesquisas, sem questionar radicalmente meus pressupostos iniciais, fui levado a enfrentar novas questões e a esclarecer certos pontos (Maingueneau, 2002, 2013c, 2014a). Meu esforço visava especialmente afinar essa noção, analisando mais precisamente seus componentes, levando em conta a diversidade dos gêneros e os tipos de discurso: o ethos não pode funcionar do mesmo modo num texto filosófico, numa peça de teatro, numa interação conversacional, num *site* ou num telejornal.

Mais do que conceber o ethos como um instrumento completamente dominado, que me permitisse estudar quaisquer *corpora*, me pareceu útil avaliar seus poderes e limites. Se este livro traz no título o termo "variações", não é apenas por abordar *corpora* variados, mas também

[1] Especialmente graças à obra coletiva *Imagens de si no discurso: a construção do ethos* [Amossy (org.), 2005].

porque, em grande parte, avalia a resistência do ethos em ambientes infrequentes. Para além dessa ou daquela análise, o conjunto da obra se guia pela tese de que é preciso "dessubstancializar", renunciar a ver no ethos um elemento bem delimitado e estável, como o deixa pensar certo número de trabalhos que elegem como meta estudar "o ethos de X", onde X é uma personalidade pública. Estudar o ethos é, na realidade, estudar a enunciação em seu conjunto, mas sob certo ângulo. É preciso ainda que esse ângulo seja pertinente, ofereça um ponto de observação interessante para destravar certas propriedades dos enunciados que nos proponhamos a estudar.

O livro está dividido em duas seções de extensões desiguais. A primeira ("Introdução") apresenta a problemática do ethos, levando em conta determinado número de dificuldades decorrentes de seu uso. A segunda, muito mais longa, se compõe de três grupos de capítulos que põem o ethos à prova em *corpora* diversos, mas que estão longe de ser representativos da variedade infinita das manifestações do discurso. Começo pela abordagem de textos nos quais um ethos se encaixa no outro ("Ethos encaixados"), depois de ethos de natureza política ("Corpos públicos"). O terceiro e último grupo de capítulos ("Para além do texto: a parte das coisas") ressalta a influência determinante dos dispositivos materiais sobre o ethos. Apenas a parte central do livro se interessa, então, por ethos que poderíamos chamar de "clássicos", aqueles que estudamos durante a maior parte do tempo em análise do discurso. A imbricação das três partes e dos capítulos deste livro é relativamente arbitrária, mesmo assim, tentei conferir fluidez a sua leitura, construir uma trajetória coerente, inclusive de um ponto de vista histórico: os textos que não se enquadram no mundo contemporâneo são abordados no início.

Pode ser motivo de admiração a diversidade dos exemplos abordados neste livro: vai-se de uma peça de Molière à internet, passando por programas eleitorais, orações ou peças publicitárias. Essa diversidade não é nada gratuita: ela resulta de uma abordagem para a qual todo enunciado pode ser matéria de reflexão, e a análise do discurso deve apreender o universo do discurso em toda a sua diversidade, em vez de se restringir a alguns setores da vida social: educação, política, mídia, saúde, justiça...[2]

---

2 Sobre essa questão, cf. Maingueneau (2019).

Introdução

Do ethos retórico à incorporação

Estudar o ethos é se apoiar em um dado simples, intuitivo, coextensivo a todo uso da linguagem: o destinatário constrói uma representação do locutor por meio daquilo que ele diz e de sua maneira de dizê-lo. Deixem-me esclarecer: uma representação *avaliada*, pois falar é uma atividade erguida sobre valores supostamente partilhados. Ao tomar a palavra, o que um locutor faz, então, é pôr em risco sua imagem e tentar orientar, mais ou menos conscientemente e em um sentido que lhe seja favorável, a interpretação e a avaliação dos signos que envia ao destinatário.

Na Antiguidade grega, essa dimensão da atividade verbal foi destacada e teorizada no campo da arte oratória, especialmente na *Retórica* de Aristóteles, para quem a prova pelo ethos consiste em causar boa impressão, em dar uma imagem de si capaz de convencer o auditório ganhando sua confiança: "Persuadimos pelo caráter (= *ethos*) quando o discurso é apresentado de modo a tornar o orador digno de fé; com efeito, nós nos fiamos mais rápida e preferentemente em pessoas de bem, em todos os assuntos em geral, e completamente em questões que não admitem certeza alguma, mas deixam lugar à dúvida" (1356 a 4-7)[1].

[1] Sigo a tradução francesa de M. Dufour (Paris: Les Belles Lettres, 1938).

Para chegar a esse ponto, o orador pode se mover entre três grandes tipos de ethos: a *phrónesis*, ou prudência, a *areté*, ou virtude, e a *eunoia*, ou boa vontade (1378 a 6-14).

Em grego, o termo "ethos" é polissêmico, e Aristóteles joga com isso. Duas características se destacam, porém, de seu significado:

(1) "o vínculo estreito que essa palavra mantém com a ideia de 'si' contida no pronome reflexivo;

(2) a ligação existente entre ἦθος e a noção de costume (ἔθος)" (Woerther, 2007: 21).

Com efeito, os filólogos fazem ἦθος remontar à raiz indo-europeia **swedth* ("costume", "acostumar-se"), que se pode correlacionar a **swe* (ao qual está ligado o adjetivo latino *suus*). Por sinal, **swedth* é a raiz tanto de ἦθος (caráter), quanto de ἔθος (costume). Em outros termos, tanto entre os gregos como no mundo contemporâneo, o ἦθος está fundamentalmente ligado aos processos de constituição de um "si" relativamente estável no interior de uma coletividade. Trata-se de uma noção radicalmente *híbrida* (socio/discursiva), de um comportamento verbal socialmente avaliado, que não podem ser apreendidos fora de uma situação de comunicação historicamente determinada.

Em retórica, a prova pelo ethos mobiliza tudo aquilo que, na enunciação, contribui para emitir, moldar a imagem do orador.

> Tom de voz, ritmo da fala, seleção vocabular e argumentos, gestos, expressão facial, olhar, postura, figurino etc. são igualmente signos, elocutórios e oratórios, indumentários e simbólicos, pelos quais o orador dá de si mesmo uma imagem psicológica e sociológica (Declercq, 1992: 48).

Na elaboração do ethos, interagem ainda elementos de naturezas muito diversas: da escolha do registro linguístico e vocabular ao planejamento textual, passando pelo ritmo e pelo figurino... Não se trata de uma representação estática, mas de uma forma dinâmica, construída pelo destinatário por meio do próprio movimento da fala do locutor.

Na tradição retórica, o ethos foi quase sempre considerado com suspeição: apresentado como tão ou, às vezes, mais eficaz até que o "logos", desconfia-se de que ele possa inverter a hierarquia moral entre o inteligível e o sensível. De fato, diferentemente dos outros polos da tríade *ethos-logos-pathos*, tem-se aqui um estatuto instável: ora se lhe atribui um papel periférico, ora um papel central. Por sinal, essa mesma hesitação também se encontra no próprio Aristóteles, que modaliza duplamente sua afirmação quando enfatiza sua importância: "É o caráter (ἦθος) que, *pode-se dizer, quase* constitui a mais eficaz das provas", escreve ele (1356a).

Aristóteles insiste no fato de que o ethos deriva da própria enunciação:

> Persuadimos pelo caráter quando o discurso é de natureza a tornar o orador digno de fé (...). Contudo, *é necessário que essa confiança seja o efeito do discurso, não de uma prevenção sobre o caráter do orador* (1356a)[2].

Roland Barthes destaca esse ponto:

> São os traços de caráter que o orador deve *mostrar* ao auditório (pouco importa sua sinceridade) para causar boa impressão (...) O orador enuncia uma informação e, *ao mesmo tempo*, diz: eu sou isso, não sou aquilo (1970: 212).

A eficácia do ethos assemelha-se assim ao fato de ele envolver, de alguma maneira, a enunciação sem estar explicitado no enunciado. O ethos do qual falamos aqui é, portanto, um ethos propriamente *discursivo*: o destinatário atribui a um locutor inscrito no mundo, fora de sua enunciação, traços que são, na realidade, intradiscursivos, pois associados à maneira com que ele está falando.

Oswald Ducrot conceituou esse ethos discursivo recorrendo à distinção entre o "locutor-L" (= o enunciador) e o "locutor-λ" (= o locutor enquanto ser do mundo), distinção que se cruza com a dos pragmáticos entre *mostrar* e *dizer*: o ethos se mostra no ato de enunciação, ele não se diz no enunciado.

> Não se trata de afirmações bajulatórias que o orador pode fazer sobre si mesmo no conteúdo de seu discurso, afirmações que, ao contrário, trazem o risco de chocar o ouvinte, mas da aparência que lhe conferem o ritmo, a entonação, calorosa ou severa, a seleção das palavras, dos argumentos... Em minha terminologia, direi que o ethos está vinculado ao L, ao locutor enquanto tal: é enquanto fonte da enunciação que ele se vê revestido de algumas características que, em contrapartida, tornam essa enunciação aceitável ou desencorajante (Ducrot, 1984: 201).

Na realidade, esse ethos discursivo põe em interação um ethos *mostrado*, decorrente da maneira de falar, e um ethos *dito*, aquilo que o locutor diz de si mesmo enquanto enuncia, por exemplo, ser ele um

---

2 Destaques meus.

homem simples, que ama seu país etc. Porém, enquanto o ethos mostrado é uma dimensão constitutiva de toda enunciação, o ethos dito não é obrigatório: o locutor nem sempre fala de si mesmo. No interior do ethos dito, podemos isolar um ethos propriamente *verbal*, que incide sobre as propriedades da própria enunciação: "Não sei falar em público", "não gosto de muita falação"... De fato, a distinção entre ethos dito e mostrado e ethos dito verbal e não verbal se inscreve em um *continuum*: é impossível definir uma fronteira nítida entre o "dito", quando ele é sugerido, e o "mostrado", entre os comentários sobre a fala e o que não decorre disso.

O ethos está crucialmente vinculado ao ato de enunciação, mas os destinatários mantêm também uma representação do ethos do locutor *antes* mesmo de ele vir a falar. Desse modo, podemos estabelecer uma distinção entre ethos *discursivo* e ethos *pré-discursivo* (ou *prévio*). Mas essa distinção pré-discursivo/discursivo tem de levar em conta a diversidade das situações de comunicação. Existem circunstâncias em que o destinatário não parece ter representações prévias do ethos do locutor (por exemplo, quando ele abre um romance escrito por um autor desconhecido), mas é difícil imaginar uma ausência total de ethos: mesmo que nada saibamos do indivíduo que escreveu um romance, saberemos ao menos que ele se considera escritor, um romancista que publica certo gênero de romance por tal editora. O simples fato de um texto resultar de um tipo, de um gênero de discurso e de determinado posicionamento ideológico induz expectativas em termos de ethos. O mesmo não acontece quando os locutores estão constantemente presentes na cena midiática: isso é especialmente evidente no caso da política, da música ou do cinema, onde aqueles que tomam a palavra são muito frequentemente já conhecidos dos destinatários. O ethos *efetivo* de um enunciador resulta, então, da interação entre seu ethos pré-discursivo, seu ethos discursivo (ethos mostrado), os fragmentos do texto no qual ele evoca sua própria personalidade (ethos dito).

Existe uma segunda concepção do ethos, que o apreende não como uma maneira de falar, mas como um comportamento, um costume. Ela está igualmente presente na *Retórica* de Aristóteles, onde o termo "ethos" designa propriedades atribuídas ao orador enquanto ele enuncia, assim como disposições estáveis conferidas a indivíduos inseridos em coletividades: haveria, por exemplo, um ethos específico desse ou daquele regime político. Mais amplamente, Aristóteles "adapta o uso desse termo a campos tão diversos quanto a biologia, a ética, a política ou a poética" (Woerther, 2007: 302) e, é claro, a retórica.

Em Aristóteles, o ethos retórico se alimenta da polissemia do termo grego do qual ele se apodera, se bem que se trata mais de um conceito heurístico do que de um conceito rigorosamente definido. Os múltiplos valores assumidos por esse termo nos diversos domínios de nossas ciências humanas e sociais contemporâneas levam a pensar que a situação não é fundamentalmente diferente hoje. Nessas condições, pode ser útil distinguir o ethos como *potencial* do ethos como *noção*. Enquanto "potencial", o ethos não deriva de nenhum campo em particular. Enquanto "noção", ele resulta de um espaço interdisciplinar determinado (sociologia, antropologia, musicologia, ciência política). Para a análise do discurso, trata-se das ciências da linguagem, onde existe um acordo implícito acerca de algumas ideias fundamentais:

— o ethos é uma noção *discursiva*, ele se constrói mediante o discurso, não se trata de uma "imagem" do locutor externa à fala;
— ele está vinculado a um processo *interativo* de influência de outros;
— é uma noção *híbrida* (sócio/discursiva), um comportamento social avaliado, que só pode ser apreendido fora de uma situação de comunicação histórica e socialmente determinada.

Em sociologia, a noção de ethos foi alimentada pelos trabalhos de autores como Max Weber, Norbert Elias ou Pierre Bourdieu. Ao recorrerem a essa noção, os sociólogos postulam

> a existência de meios sociais estruturante e estruturalmente constituídos, historicamente sedimentados, para poderem ser lugares de socialização, quer dizer, lugares relacionais que favoreçam, mediante a experiência e a aprendizagem, a interiorização de normas, valores, princípios éticos que permitam adotar uma relação particular com o mundo, especialmente atribuindo a ele uma valência no registro do "bem", do "justo", do "normal" (Fusulier, 2011: § 25).

A *noção* de ethos se transforma em *conceito* quando é utilizada por um autor ou corrente específica, que o faz entrar em uma rede de termos. Nas ciências da linguagem, Marcelo Dascal (1999), por exemplo, o integra em uma "retórica cognitiva" fundamentada em uma pragmática filosófica, enquanto Ruth Amossy (2010) constrói um quadro teórico em torno da "apresentação de si", dando sequência a Erving Goffman. Já eu o inscrevo, sobretudo, numa problemática da "incorporação".

A incorporação

A meu ver, para além da persuasão por meio de argumentos, a noção de ethos permite refletir sobre a adesão dos sujeitos ao universo configurado pelo locutor. Escolher o ethos conveniente, aliás, é decisivo nos gêneros de discurso em que os locutores têm de conquistar um público ainda não ganho para sua causa.

Todavia, para abordar o ethos por esse ângulo, é preciso vencer a oposição empírica entre o oral e o escrito. Enquanto a retórica vinculou estreitamente o ethos à oralidade, todo texto escrito, mesmo que o negue, possui uma *vocalidade* específica: a instância subjetiva se manifesta por meio de um corpo enunciante historicamente especificado. Trata-se, com efeito, de um corpo de enunciador (e não, obviamente, do corpo do locutor extradiscursivo), considerado como um *fiador* que, por seu *tom*, atesta o que é dito. O termo "tom" tem a vantagem de valer tanto para o escrito quanto para o oral. O poder de persuasão de um discurso resulta, então, em boa parte, do fato de ele levar o destinatário a se identificar com o movimento de um corpo, mesmo muito esquemático, investido de valores historicamente especificados: as "ideias" suscitam a adesão do leitor porque a *maneira de dizer* implica uma *maneira de ser*.

Trata-se de uma concepção marcadamente "encarnada" do ethos. Algo da ordem da experiência sensível entra em jogo na comunicação verbal. O "fiador" vê atribuídos a si um *caráter* e uma *corporalidade*, cujo grau de precisão varia de acordo com os textos. O "caráter" corresponde a um feixe de traços psicológicos. Já quanto à "corporalidade", ela está associada a uma compleição física e a uma maneira de se vestir, a um modo de se mover no espaço social, a um comportamento. O destinatário constrói, de maneira mais ou menos fluida, mais ou menos consciente, a figura desse fiador apoiando-se em um conjunto difuso de representações sociais estereotipadas, valorizadas ou desvalorizadas, que a enunciação contribui para reforçar ou transformar.

Propus designar com o termo *incorporação* o processo pelo qual o destinatário — ouvinte ou leitor — se apropria desse ethos. Efetivamente, essa "incorporação" pode se dar em três planos:

— a enunciação da obra confere uma "corporalidade" ao fiador, ela lhe *dá corpo*;
— o destinatário *incorpora*, assimila assim um conjunto de esquemas correspondentes a uma maneira específica de se relacionar com o mundo habitando seu próprio corpo;

— essas duas primeiras incorporações permitem a constituição de um *corpo*, da comunidade imaginária daqueles que aderem ao mesmo discurso.

Esse processo vai além de uma simples identificação com um enunciador fiador, ela implica um *mundo ético*, do qual o fiador é parte integrante e ao qual ele dá acesso. Esse "mundo ético", ativado por meio da leitura, é uma constelação de representações agregadora de certo número de situações estereotípicas associadas a comportamentos. A publicidade contemporânea — voltada para persuadir associando esse ou aquele produto a um corpo em movimento, a uma maneira de habitar o mundo — mantém, por natureza, uma ligação privilegiada com alguns estereótipos: o mundo ético do jovem empreendedor do Silicon Valley, dos emergentes, das estrelas de cinema, dos cientistas em seus laboratórios, das mães de família de classe média etc.

A título de ilustração, vejamos esse anúncio — em preto e branco — de uma bem conhecida marca de uísque americano publicado em uma revista.

Reproduzirei aqui o texto, respeitando a distribuição tipográfica das frases:

SIGA ESSA SIMPLES PLACA gasta pelo tempo
e chegará diretamente à 1ª destilaria
oficialmente registrada nos Estados Unidos.
Diante de nossa porta de entrada, para ser mais precisos.
Lá, nós o levaremos a visitar os lugares e teremos
o tempo de lhe explicar como fabricamos
ainda o Jack Daniel's, segundo um método intocado
desde 1866, e típico de nosso Tennessee Wiskey.
Nossas placas não são exatamente originais, é verdade,
mas se todo mundo aqui parece apegado a elas
é, sem dúvida, porque em 130 anos
elas sempre indicaram o bom caminho.

O enunciador fiador desse texto é um personagem invisível tido como aquele que encarna os valores atribuídos ao nome próprio da marca Jack Daniel's. Essa transferência é facilitada pelo fato de se tratar de um nome próprio de humano.

Nessa peça publicitária, o ethos é especificado pelo adjetivo SIMPLES, em destaque; ele pertence, efetivamente, ao único fragmento do texto impresso em letras maiúsculas e se encontra situado em uma posição privilegiada, na junção entre a imagem o texto. Uma junção que é também semântica, dado que o grupo nominal "essa simples placa" designa a imagem situada imediatamente acima. Os valores atribuídos ao adjetivo "simples" difundem-se, assim, por todo o conjunto formado pelo texto e pela imagem.

Mesmo assim, o texto segue especificando, em função dos interesses da marca, a natureza dessa "simplicidade". "Simples" pertence à classe dos adjetivos qualificativos que mudam de sentido, a depender de estarem pospostos ou antepostos. "Simples placa" pode ser glosado como: objeto que não se limita a ser nada mais que uma placa. Mas essa restrição aparente pode ser encarada positivamente: evidentemente, o objeto é apenas uma placa, mas, sendo uma placa, ele possui suas propriedades prototípicas e desempenha plenamente seu papel de placa. Além disso, como o mostra a imagem, há um acúmulo do significado atribuído à anteposição e daquele atribuído à posposição: a "simples placa" é também uma "placa simples", sem adereços inúteis, de acordo com o mundo ético da ruralidade. Uma axiologia implícita associa o simples e natural para opô-los ao supérfluo, à artificialidade, ao engano... Somos remetidos à autoridade indisputável da Natureza, como o atesta a presença massiva na foto do sólido tronco de árvore no qual a placa está fixada.

De fato, o ethos constantemente impresso às propagandas do Jack Daniel's implica um mundo ético rural de gente simples, habitantes da aldeiazinha do Tennessee, onde se localiza a destilaria. Isso se manifesta tanto no nível do enunciado quanto no da enunciação. O texto põe em cena um funcionário da destilaria indicando o caminho a um estrangeiro. O modo de falar, tido como típico de um homem do campo, se manifesta pelo recurso à fonte tipográfica escolhida e à pontuação, como o indica, por exemplo, a presença inesperada de um ponto diante de um complemento circunstancial ("Diante de nossa porta"), separado da linha seguinte. É exatamente um ritmo lento que se impõe, num texto constituído de três frases apenas, com grupos rítmicos relativamente longos. Essa lentidão é explicitada no próprio texto: "E teremos o tempo de lhe explicar como...", ecoando o epíteto "gasta pelo tempo" da primeira linha. Encontramos aqui o estereótipo que associa o camponês aos gestos lentos, ao ritmo imemorial, repetitivo das estações e dos trabalhos do campo.

A divisão das frases imposta pela diagramação escolhida vai na mesma toada. Sabemos que a poesia tem o poder de dissociar a separação sintática dos versos para impor efeitos de sentido. É o que acontece aqui: para ler esse texto, é preciso "dedicar tempo"; não por acaso, em três ocasiões, os marcadores temporais são rebaixados para o início da linha seguinte:

> *o tempo* de lhe explicar como fabricamos
> *ainda* o Jack Daniel's, segundo um método intocado
> *desde 1866*, e típico de nosso Tennessee Wiskey.

A marca nos faz ouvir a voz de um fiador rural que, mediante seu ethos discursivo "simples", simultaneamente dito e mostrado, possibilita uma incorporação do leitor. Beber o uísque Jack Daniel's é se incorporar imaginariamente à comunidade dos habitantes rurais dos Estado Unidos profundos e, para além disso, à comunidade daqueles que, em um mundo de consumo desenfreado, têm gosto pela vida verdadeira, junto à Natureza.

Esse ethos "simples", na realidade, atua em três níveis distintos:

— Ele é inicialmente o ethos do personagem fiador do texto: aquele que mostra a foto — um cartaz de madeira pregado numa árvore — faz parte do mundo ético do qual ele participa. O fato de a foto estar em preto e branco confirma sua pertinência a esse mundo antigo e impregnado de valores positivos.
— Em um segundo nível, o ethos é o da marca Jack Daniel's, fiadora do conjunto do iconotexto. Se a imagem em preto e branco e o texto sem ornamentos e sobre fundo branco estão justapostos desse modo, é exatamente para mostrar esse ethos "simples", que uma elaboração estética teria falseado.
— Em um terceiro nível, é preciso levar em conta o ethos da agência que criou essa propaganda. Assim como no caso do autor de um romance, podemos atribuir a ela predicados resultantes de seu estilo. Na realidade, sob o termo "agência", agrupa-se uma pluralidade de intervenientes. Nada impede o leitor da revista de levar em conta a foto em si mesma, independentemente da agência, como uma obra, de isolar o ethos do fotógrafo, que emergiria se juntássemos o conjunto de sua fotos.

A incorporação só é possível para os leitores de uma revista se os estereótipos sobre os quais ela repousa forem identificáveis no espaço em que circula o texto em questão. Contudo, isso não é um problema, porque os Estados Unidos difundem maciçamente sua cultura pelo mundo inteiro usando o cinema, a música, as séries de televisão, a publicidade... Além disso, no conjunto dos países industrializados, a oposição entre o mundo febril da cidade e o campo pacato faz sentido. As circunstâncias, porém, nem sempre são tão favoráveis: para os textos que não pertencem a nosso ambiente cultural (tanto no tempo quanto no espaço), a ativação de um ethos é quase sempre bloqueada, não pelas graves lacunas em nosso saber enciclopédico, mas pela perda dos ethos que fundamentam tacitamente sua enunciação. Diferentemente do que ocorre com o Jack Daniel's, quando vemos, por exemplo, os versos de uma epopeia medieval dispostos sobre uma folha de papel, é-nos impossível restituir o corpo enunciante a eles associado; ora, o que é uma epopeia, senão um gênero de apresentação oral? Sem necessitar recuar tanto no tempo, a eloquência política do século XIX é indissociável de ethos ligados a práticas discursivas extintas. Além disso, de uma conjuntura a outra, não são as mesmas zonas da produção semiótica que propõem os modelos mais importantes de maneiras de ser e de dizer, aqueles que "dão o tom".

Atualmente, esse papel é amplamente reservado à publicidade, sobretudo em sua forma audiovisual; mas os estereótipos de comportamento foram, outrora, acessíveis às elites de maneira privilegiada por meio do teatro ou da leitura de textos literários.

A cena de enunciação

Até agora, relacionei o ethos discursivo à enunciação, sem especificação suplementar. Na realidade, essa enunciação faz interagirem diversos níveis que, por minha vez, analiso em termos de *cena de enunciação*, divisível em *cena englobante, cena genérica* e *cenografia* (Maingueneau, 1998a). A "cena englobante" confere seu estatuto pragmático à enunciação, integra a um tipo de discurso, a uma esfera de atividade: publicitária, administrativa, filosófica... A *cena genérica* é a das normas constitutivas de um gênero ou de um subgênero de discurso: o editorial, o sermão, o guia turístico, a consulta médica... Quanto à *cenografia*, ela não é imposta pelo gênero, mas construída pelo próprio texto: um sermão só pode ser enunciado por meio de uma cenografia magisterial, profética, amigável etc. Normalmente, a cenografia deve ser legitimada ou relegitimada pela própria enunciação que sobre ela se apoia: o universo construído pelo enunciado deve especificar e validar a cenografia através da qual ele surge.

Ora, o ethos se manifesta nas três cenas. Em uma entrevista de televisão entre um jornalista e um(a) político(a), a cena englobante (no caso, o discurso político) vai convocar, da parte do(a) entrevistado(a), valores de ethos tipicamente políticos; P. Charaudeau (2005) associa os atores políticos a um ethos de "credibilidade", declinado por meio de predicados como "sério", "honesto", "competente"... Mas a cena genérica, no caso da entrevista de televisão, também restringe o ethos: o(a) entrevistado(a) deve ser claro(a), cortês, não monopolizar a fala etc. Esses dois níveis de restrições entram frequentemente em tensão com a cenografia (relação intimista, monólogo oratório, exposição de especialista etc.) que o(a) locutor(a) entrevistado(a) busca impor, em função de seu posicionamento no campo político e de seu ethos pré-discursivo. Um homem ou uma mulher de um partido extremista podem reforçar o ethos do extremista ou, ao contrário, mostrar o ethos de alguém moderado e responsável.

Como o mostra o exemplo, o ethos da cenografia está amplamente condicionado pelo da cena genérica. Em uma entrevista de televisão, a pessoa entrevistada reage às iniciativas do entrevistador, ela não tem a possibilidade de impor seu ethos, como o faria em um monólogo. Mesmo quando o locutor monologa, sua cenografia está amplamente condicionada pela cena genérica. Para nos dar conta disso, podemos comparar enunciações muito próximas em intenção, conteúdo e contexto institucional, mas produzidas por gêneros de discurso diferentes.

Na Igreja Católica, leem-se em todas as missas passagens das Escrituras. Para que os fiéis tirem das leituras das missas dominicais proveito espiritual máximo, geralmente elas são associadas a comentários. Essa operação é atualmente facilitada pela existência de canais religiosos em todas as mídias: rádio, televisão, internet. Por exemplo, na webTV da Conferência Episcopal francesa, o comentário é confiado a uma senhora já de certa idade, Marie-Noëlle Thabut. Sentada em uma escrivaninha, ela encara telespectadores invisíveis, em um cenário despojado: atrás dela, estantes esparsas com livros. A seguir, um trecho de seu comentário de 22 de setembro de 2019, referente a um trecho de um livro do Antigo Testamento (Amós, 8,4-7).

> A hora é seguramente grave, visto que o profeta Amós conclui com uma fórmula solene ao extremo: "O SENHOR o jura pelo Orgulho de Israel". Ora, o "Orgulho de Israel" é o próprio Deus; porque é ele que é (ou deveria ser) o único orgulho de seu povo; em outros termos, o SENHOR jura por si mesmo. Encontramos na Bíblia expressões do mesmo gênero, por exemplo, "o SENHOR o jura por sua Santidade", ou então "Por meu Nome, diz o Senhor". É lógico: quando os homens prestam juramento, eles o fazem em nome de alguém que os ultrapassa; o próprio Deus só pode se comprometer por si mesmo! Quem de maior ele poderia invocar?
> E a propósito de que Deus presta juramento? "O SENHOR o jura pelo Orgulho de Israel: não, jamais esquecerei nenhum de seus delitos". Trata-se dos delitos daqueles que buscam enriquecer à custa dos demais. Amós é um profeta do século VIII a.C., uma época em que a terra de Israel está dividida em dois reinos. Simples pastor de uma aldeia do Sul (Técua) perto de Belém, ele foi escolhido por Deus para ir pregar no reino do Norte, também chamado de Samaria, nome também de sua capital. Estamos sob o reinado de Jeroboão II, por volta de 750 a.C.: um reino inclinado a todo ponto de vista... pelo

menos é o que todo mundo pensa; todo mundo, menos um, justamente o profeta Amós (...)[3].

O ethos derivado de um comentário desses é manifestamente didático. Trata-se de uma explicação do texto no qual, por diversos procedimentos, o destinatário é posto em uma situação de aprendizagem.

O mesmo não acontece na rádio Vaticano, na qual só se consegue ouvir a voz do comentador. Aqui, também ele se encontra na posição de especialista autorizado, mas seu ethos é completamente distinto. Eis o início de um de seus comentários:

> No V Domingo do Tempo Comum, meditamos sobre o Evangelho da cura da sogra de Pedro. Esse relato ilumina a importância da intercessão e da compaixão de Jesus por aqueles que sofrem. Vejamos isso mais de perto. Jesus deixa a sinagoga e se dirige à casa de Simão e André. Aquele que será o cabeça da Igreja acolhe Jesus em sua casa. A sogra de Pedro está doente, e ele o conta a Jesus. Jesus sabe tudo, sabe que a mulher está enferma. Mesmo assim, espera que venham procurá-lo e que intercedam por ela. Desse modo, Jesus ensina aos apóstolos, por um lado, a compaixão e, por outro, a intercessão. Não hesitemos em orar com fé pelos doentes que conhecemos. Jesus pode curá-los[4].

Dois imperativos mostram que o locutor ocupa uma alta posição ("vejamos...", "não hesitemos..."), mas a cenografia não é professoral, ela está focada na partilha de uma experiência espiritual, não na transmissão de um saber. Aliás, o próprio comentador classifica sua enunciação como uma "meditação". A fala está toda voltada para a interioridade e, em vez da alteridade forte implicada pela relação didática, é um "nós" de comunhão que prevalece. A versão em áudio mostra, aliás, que a voz do locutor permanece recuada, que ela tenta se apagar diante da Voz de Deus que a inspira. O enunciador busca ativar um ethos discursivo sublimado por um sentimento de certeza, por uma evidência interior.

Bem entendido, a comentadora da televisão e o comentador da rádio teriam podido recorrer a ethos diferentes, mas as restrições impostas pelo

---

3 Disponível em: https://eglise.catholique.fr/approfondir-sa-foi/la-celebration-de-la-foi/le-dimanche--jour-du-seigneur /commentaires-de-marie-noelle-thabut/; último acesso: 20Fev2020.

4 Disponível em: http://fr.radiovaticana.va/news/2015/02/05/commentaire_de_levangile_du_dimanche_8_ f%C3%A9vrier/1120638; último acesso: 20Fev2020.

meio e pela encenação da fala induzem a uma rotinização da atividade discursiva e à estabilização da cenografia e do ethos mais adequados.

Se nos referirmos à tipologia dos gêneros de discurso por mim proposta (Maingueneau, 2014b: 133-136), baseada exatamente na relação entre cena genérica e cenografia, os dois exemplos anteriores provêm do modo de genericidade de tipo 2, onde há uma cenografia preferencial, mas que, às vezes, pode ser modificada. É nos modos de genericidade de tipo 3 ou 4 que o locutor é levado a escolher um ethos não imposto pela cena genérica. Isso diz respeito a certa quantidade de gêneros provenientes da publicidade, em sentido amplo, ou de gêneros que exigem um posicionamento: a política, a religião, a literatura, a música popular... Trata-se de um tipo de ethos no qual a cenografia ocupa o primeiro plano, aquele que concentra ao máximo a atenção dos analistas do discurso. Disso, porém, não se deve concluir que a cena genérica e a cena englobante não tenham um papel a desempenhar na determinação do ethos.

O ethos de segundo plano

Quando estudamos o ethos, precisamos identificar estereótipos linguísticos, maneiras de falar tipificadas que, se espera, destinatários pertencentes a determinada comunidade vão reconhecer e avaliar. Observemos o princípio do célebre conto filosófico de Voltaire, *Cândido* (1759):

> COMO CÂNDIDO FOI EDUCADO EM UM BELO CASTELO E COMO FOI EXPULSO DE LÁ
>
> Havia na Vestfália, no castelo do Senhor Barão de Thunder-ten-tronckh, um jovem que a natureza dotara dos mais mansos costumes. Sua fisionomia anunciava sua alma. Era de entendimento reto, com o espírito mais simples; e creio ter sido essa a razão por que lhe deram o nome Cândido. Os criados antigos da casa suspeitavam que ele fosse filho da irmã do Senhor Barão e de um bom e honrado cavalheiro da vizinhança, que a dama não quisera nunca desposar por ele só ter conseguido provar setenta e um costados de nobreza e pelo resto de sua árvore genealógica se ter perdido com os estragos do tempo.
>
> O Senhor Barão era um dos mais poderosos senhores da Vestfália, porque o seu castelo tinha um pórtico e algumas janelas. Seu salão era até ornado com uma tapeçaria. Todos os cães dos seus pátios podiam, em caso de necessidade, compor uma matilha; seus cavalariços eram seus mestres de obra

e o vigário da aldeia era seu esmoler-mor. Todos o chamavam de Monsenhor e riam das histórias que lhes contava.

Esse texto é conduzido por um ethos de contador irônico e mundano. Evidentemente, é uma manifestação de um ethos singular, o do autor, Voltaire, identificável em grande parte de sua obra. Todavia, o leitor que não esteja plenamente familiarizado com o século XVIII só consegue inscrever esse ethos em um fenômeno histórico bem mais amplo, que caracteriza grande parte da produção letrada desse tempo: uma maneira de conversar e de se comportar em sociedade, o mundo ético dos salões franceses da época, onde se privilegiava "o intelecto".

Desse ethos que se poderia chamar *de segundo plano*, destacam-se traços mais específicos, mas que já não são próprios de Voltaire. As críticas feitas à nobreza e ao clero são características de um ethos de "filósofo", no sentido do século XVIII. Quanto ao sentimento de superioridade em relação à nobreza alemã, apresentada como grosseira e anacrônica, ele é nutrido por boa parte das elites francesas da época, convictas de que sua civilização refinada é de extração superior. Por fim, o que caracteriza o ethos de Voltaire em um texto desse gênero é combinar talentosamente estereótipos dos quais, se os considerarmos isoladamente, ele não compartilha.

Aliás, os analistas da conversação associam menos a noção de ethos a esse ou àquele locutor específico e mais aos hábitos de fala partilhados pelos membros de uma comunidade (Kerbrat-Orecchioni, 1996, 2002):

> Com efeito, pode-se razoavelmente supor que os diferentes comportamentos de uma mesma comunidade obedecem a certa coerência profunda e esperar que sua descrição sistemática permita extrair o "perfil comunicativo", ou ethos, dessa comunidade (ou seja, sua maneira de se comportar e de se apresentar na interação — mais ou menos calorosa ou fria, próxima ou distante, modesta ou imodesta, "descaradamente" ou respeitosa do território dos outros, suscetível ou indiferente à ofensa etc.) (Kerbrat-Orecchioni, 1996: 78).

Por sua vez, F. Rossette (2017, 2019), por exemplo, destacou um ethos "anglo-saxônico", especialmente dominante no mundo dos negócios:

> Trata-se aqui de valores que moldam uma maneira de ser, um "personagem falante", cuja sinceridade se constrói com auxílio de uma voz personalizada (por exemplo: o locutor fala em seu próprio nome, exprime seu ponto de

vista) e cuja coerência e apresentabilidade decorrem do fato de o locutor se mostrar como alguém digno de confiança e bom, no sentido moral (por exemplo, ser um locutor motivado por uma causa digna) (2019: 45).

Esse "ethos" coletivo constitui, para os locutores que dele partilham, um quadro poderoso e invisível.

A coletividade de que se trata pode ter uma dimensão muito variável. Existem, por exemplo, ethos profissionais (Amossy, 1999, 2010, 2018), que circulam no espaço público e que os indivíduos reproduzem, de modo a se fazerem reconhecer quando desempenham seus papéis. Esses ethos coletivos não são identificados apenas por especialistas em ciências humanas e sociais. Há na sociedade práticas "metadiscursivas" (comédias, piadas, monólogos cômicos…) que visam caricaturar o ethos verbal dessa ou daquela categoria social, ressaltando alguns traços: "os políticos", "os camponeses", "os adolescentes", "os homossexuais", "a classe média", "os migrantes", "os esnobes", "os ricos", "os ecologistas", "os artistas de vanguarda"… Essas práticas atribuem aos indivíduos ethos ilusoriamente compactos, mas eles se apoiam em uma realidade incontornável: os locutores falam em função de normas prevalecentes na comunidade na qual eles se encontram, e essas normas implícitas provocam, inevitavelmente, o aparecimento de rotinas específicas.

As três dimensões do ethos

A *priori*, a lista de predicados capazes de caracterizar um ethos é aberta. De fato, nos trabalhos dedicados ao ethos, encontramos predicados díspares. Há, por exemplo, os ethos "de professor", "de esposa", "de político", "de especialista", os ethos "calmo", "comunista", "didático", "rural", "profético" etc. O conteúdo conferido ao ethos certamente depende, de forma muito ampla, dos tipos ou gêneros de discurso que estudamos. Se o analista do discurso quiser estudar anúncios pessoais nos *sites* de relacionamento, ele privilegiará, sobretudo, os predicados de ordem psicológica ou comportamental (culto, esportista, simples), relacionando-os com algumas categorias sociais (habitante de uma metrópole, solteiro, aposentado…). Se, em contrapartida, ele for abordar um gênero político-eleitoral, destacará especialmente predicados ligados ao posicionamento ideológico (de direita, pró-EUA, anarquista…) e alguns predicados relacionados ao caráter (competência, autoridade, honestidade, coragem...). Se ele se interessar por *corpora* publicitários, nos quais a relação entre a fala e o imaginário do corpo é determinante, recorrerá a predicados ligados a uma experiência sensível ao mundo ligada a mundos éticos proeminentes; vimos isso com o Jack Daniel's e a "simplicidade" associada à vida rural.

Para melhor abordar essa diversidade, evitando sua proliferação descontrolada, propus (Maingueneau, 2014a) atribuir ao ethos três dimensões (*categorial*, *experiencial* e *ideológica*), que são mais ou menos destacadas a depender dos textos em análise.

(1) A dimensão "categorial" abrange tanto os papéis *discursivos* quanto os estatutos *extradiscursivos*. Os primeiros estão ligados à atividade de fala e, portanto, à cena genérica: animador, narrador, pregador... Os segundos podem ser de naturezas muito variadas: pai de família, funcionário, médico, camponês, americano, solteiro, estudante... etc.

(2) A dimensão "experiencial" do ethos recobre as caracterizações sociopsicológicas estereotípicas: bom senso, agressividade, lentidão, estupidez, originalidade, mansidão...

(3) A dimensão "ideológica" remete a posicionamentos. No campo político: feminista, esquerdista, conservador ou anticlerical...; no campo literário: romântico ou naturalista... etc.

Essas três dimensões interagem fortemente. O camponês (categorial) apresenta afinidades estereotípicas como o bom senso (experiencial) e o conservadorismo (ideológico); o cabeleireiro ou estilista (categorias) convocam um comportamento efeminado (experiencial) etc.

Em *Analisar os textos de comunicação* (Maingueneau, 1998a: 84), estudei um artigo publicado em uma revista feminina, dedicado aos "avanços" que as mulheres podem imprimir a sua sexualidade. Pode-se ver em que medida as dimensões ideológica e experiencial do ethos são indissociáveis.

> (...) Sim, mas como? Pigmalião-Papai Noel, que desembarca na melhor hora, pronto a liberar todos os bloqueios, os medos e a rigidez, para nos revelar a nós mesmas e mudar nossos movimentos morosos em fogos de artifício não desce todos os dias por nossas chaminés... Os cassetes? Os livros? As revistas? Os estágios tântricos? Existe todo um aparato pedagógico sobre a questão, capaz de apagar em você a jovem Agnès[5] em poucas lições. Mas o

[5] O texto alude ao personagem central da comédia de Molière, *A escola de mulheres*; Agnès encarna uma jovem ingênua, criada de modo a ignorar completamente a sexualidade.

ambiente Assimil[6] não é o mais adequado nesse campo. Nos Estados Unidos, a série "Better Sex Videos" propõe no nível 1 "Técnicas sexuais ideais" ilustradas por alguns casais de boa vontade (*Marie France*, janeiro de 1996, p. 48).

A leitora percebe o ethos de um fiador do corpo enunciante "liberado". A enunciação também valida o conteúdo desse artigo, que trata dos "bloqueios", do "travamento" do corpo. A enunciadora "liberada" joga com as referências culturais (a mitologia grega, o Papai Noel, *A escola de mulheres* de Molière), entra em jogo também a rigidez da língua (mistura de registros, metáforas lúdicas...). Esse ethos desempenha um papel determinante na adesão das leitoras aos valores que o texto veicula: o modo de dizer autentica a mensagem. Aliás, é isso o que o texto diz implicitamente quando denuncia o uso de livros didáticos ("o ambiente Assimil") e exalta os méritos de vídeos com a representação filmada das práticas sexuais recomendadas.

O ethos desse artigo nada tem de original. Ele se apoia no ethos discursivo dominante nesse tipo de revista, destinado à classe média urbana feminina, onde se busca estabelecer uma convivência entre seu leitorado na partilha de certa maneira de habitar o corpo, de circular na sociedade. Aqui, porém, ele assume uma força particular, ao incidir sobre práticas diretamente ligadas ao corpo.

Um ethos monologal?

A maioria dos exemplos que citei provém de gêneros monologais, nos quais os locutores têm a possibilidade de apresentar um ethos que controlem: um ethos identificável, baseado na recorrência de traços proeminentes e em harmonia com o conteúdo de seu enunciado. Em contrapartida, quando evoquei o exemplo da entrevista televisionada, o fiz para enfatizar que, mesmo no quadro restritivo de um programa de televisão, em uma interação oral, os locutores encontram grandes dificuldades para apresentar um ethos coerente, de acordo com suas intenções. Basta ouvir ou ver debates políticos para se convencer disso. Esse contraste entre as situações de monólogo e as de interação não tem nada de surpreendente. Nas interações, os lugares dos parceiros

6 Alusão à célebre coleção de manuais de ensino de línguas estrangeiras.

são sempre negociáveis e o desenvolvimento do texto não obedece a restrições macroestruturais fortes. Em contrapartida, nas enunciações monologais (livros, conferências, exposições...), o locutor pode se apoiar num quadro estável e controlar sua enunciação, pelo menos dentro de certos limites. Com efeito, ele não controla nem a cena englobante nem a cena genérica.

Essa distinção entre o monologal e o dialogal diz respeito apenas, evidentemente, às enunciações "primárias", sem levar em conta o caso dos diálogos em um texto controlado por um autor: no teatro ou num romance, por exemplo. Além disso, todas as interações não impedem os locutores de controlarem seus ethos. Há debates na televisão em que os dois adversários falam um depois do outro sob o controle de um mediador. Há ainda entrevistas assimétricas em que o jornalista busca valorizar uma personalidade de destaque, por exemplo, um artista ou um cientista, e o interrompe quase nunca. Tudo depende, então, da maneira como a entrevista é conduzida.

Não é porque as interações orais dificultam o controle do ethos que ele desempenhará um papel marginal. Esse é justamente o desafio essencial da interação, quando ela se efetua diante de um público que tem de ser conquistado. Pensemos aqui nos debates eleitorais no decorrer de uma campanha presidencial: cada candidato se esforça para mostrar na interação um ethos de governante legítimo, levando em consideração seu ethos pré-discursivo, sua imagem prevalecente antes do debate e o ethos de bom governante esperado pelos eleitores por ele visados. Mas esse objetivo está sob a constante ameaça de intervenções desestabilizantes do adversário, que deve, ele também, impor seu próprio ethos. A estratégia definida antecipadamente quase sempre se revela impossível de ser mantida. Nessas interações conflituais, a distinção entre ethos discursivo dito e ethos mostrado desempenha um papel central. Os locutores mantêm afirmações acerca de si mesmos ("sempre estive ao lado do povo", "sou honesto" etc.); seu interlocutor também ("você é um irresponsável", "você não tem convicções"). Tudo o que eles dizem, porém, é conduzido por um ethos mostrado que pode se analisado pelo adversário como em contradição com o ethos dito: "Você diz saber de economia, mas sua resposta prova que não", "sua resposta confirma que você não tem autocontrole" ... Cada um é obrigado a converter o ethos negativo a si atribuído em ethos positivo: "Você diz que eu não me controlo, mas minha cólera é a indignação de um cidadão revoltado diante de tão graves injustiças". Nessas condições, no mais das vezes, o todo da interação produz no público uma impressão de confusão. Para avaliá-la, os ouvintes ou espectadores estabelecem seu diagnóstico com base em alguns episódios que os tenham tocado pessoalmente e, nisso, são frequentemente influenciados por comentaristas especializados, que divulgam sua opinião na mídia.

G. Martel (2019: 34) cita o seguinte diálogo em uma rede de televisão canadense entre uma jornalista e apresentadora, Anne Marie Dussault, e uma ex-ministra, Nathalie Charbonneau, acusada de corrupção, algo que ela contesta vigorosamente.

> A EX-MINISTRA: Eu gostaria que vivêssemos em uma sociedade <...> na qual a presunção de inocência fosse realmente acatada. Você diz que não estamos num processo aqui, mas eu, faz dois anos, me sinto como uma ré.
> A APRESENTADORA: Bem, você se apresenta como vítima porque é uma ministra.
> A EX-MINISTRA: Não me apresento como vítima. <...> Sempre me apresentei diante das câmeras como uma lutadora. Não sou exatamente uma vítima, senhora Dussault.

Nessa passagem, a ex-ministra recorre a um ethos dito ("me sinto como uma ré"), mas imediatamente sua interlocutora lhe impõe outra categoria: a de "vítima". O que leva N. Charbonneau a, em seguida, substituir essa categoria por outra: "Uma lutadora". Numa entrevista desse tipo, a ex-ministra é incapaz de ajustar seu ethos *mostrado* ao ethos *dito*, porque ele é instável, o tempo todo negociado. De todo modo, não se consegue ver como ela poderia mostrar, ao mesmo tempo, um ethos identificável de "lutadora" e de "ré"; as trocas de turno são muito rápidas para que um ethos consistente emerja. A dificuldade é ainda maior se levarmos em conta a dimensão temporal: trata-se do ethos dito no momento exato da enunciação, ou de um ethos dito externo à enunciação? A ex-ministra evoca períodos extensos ("faz dois anos" ou "sempre"), que não dizem respeito especificamente a sua enunciação presente; e isso enfraquece a relação entre ethos mostrado e ethos dito.

Somos assim levados a estabelecer uma distinção entre ethos *compactos* e ethos *flutuantes*. O ethos "compacto" tende a estabelecer a coerência entre o ethos dito (quando há um), o ethos mostrado e o conteúdo do enunciado. O ethos "flutuante" é, por sua vez, desprovido desse tipo de coerência: o ethos mostrado pode ser independente do ethos dito e/ou do conteúdo. Esse ethos flutuante está especialmente presente nas situações de interlocução conflituosa. Contudo, entre os dois tipos de ethos, estamos lidando com um *continuum*, não com uma alternativa.

De um ponto de vista estatístico, o ethos compacto, bem controlado pelo locutor, é amplamente minoritário. Mas ele é o especialmente estudado pelas análises do discurso, que privilegiam espontaneamente os ethos (de escritores, de atores políticos, de jornalistas...) de enunciações — monologais ou dialogais — fortemente reguladas por instituições de fala e que dão testemunho de um posicionamento cujos desafios são coletivos[7]. Os exemplos que abordo neste livro resultam de um ethos "compacto", mas disso não concluiremos que os ethos flutuantes não sejam pertinentes: eles são apenas mais complexos de estudar por serem negociados ao longo da interlocução.

Em contrapartida, as interações da vida cotidiana, que não são publicamente expostas em espetáculo, interessam especificamente à análise conversacional e remotamente à análise do discurso. O cuidado com a preservação das "faces", na perspectiva de Goffman, assume aqui o primeiro plano. Os participantes não desempenham um papel fixado por um gênero de discurso e se referem então, sobretudo, às normas que prevalecem na comunidade à qual eles pertencem, ou à qual buscam se integrar. No decorrer da troca, cada um dos interlocutores, apoiando-se nas reações do(s) outro(s) locutor(es), avalia o ethos que acha terem dele o(s) demais e reorienta, ou não, suas intervenções em função desse diagnóstico. Mas cada qual avalia ainda o ethos de seu(s) interlocutor(es) e reage em função das circunstâncias. Diversos fatores intervêm aqui: especialmente o grupo social, a idade, o sexo dele(s). Existe, por exemplo, um grande número de pesquisas no campo dos "estudos de gênero" que mobilizam, explicitamente ou não, a questão do ethos. Particularmente quando se trata de comparar a maneira com que se comportam os homens e as mulheres em suas conversas.

7 Isso não quer dizer que o analista do discurso esteja condenado a estudar apenas o ethos de figuras públicas: o ethos dessa ou daquela categoria de professores em uma sala de aula, por exemplo, também pode ser um objeto de interesse a partir do momento em que seu estudo se inscreva em uma problemática claramente definida.

Um locutor "real"?

Ao insistir no caráter encarnado do ethos, corremos o risco de dar a impressão de que, por trás de cada enunciação, há um locutor de carne e osso. Ora, nem sempre é esse o caso, mesmo quando não se levam em conta fenômenos de polifonia linguística. Acontece que a existência do ethos é sempre intertextual, e os estereótipos que o ativam são modos de falar de autores associados a modelos de enunciação legados por uma tradição de escrita.

Vejamos, por exemplo, o início de uma obra do filósofo Emil Cioran, *A queda no tempo*:

> De nada serve ao homem se lembrar a todo instante de que é homem. Voltar-se para si já é mau; voltar-se para a espécie, com o zelo de um obcecado, é ainda pior; é conceder às misérias arbitrárias da introspecção um fundamento objetivo e uma justificação filosófica (1964: 9).

Nestas poucas linhas, um leitor cultivado perceberá sem dúvida, pelo tom e pelo estilo linguístico, um ethos típico do moralista clássico francês: uma tradição representada particularmente por autores como La Rochefoucauld, Chamfort, Vauvenargues... Aqui, o mundo ético ativado pela leitura não remete aos comportamentos de uma categoria social, mas a uma postura de escrita, a serviço da cenografia escolhida pelo autor.

Analisemos agora um poema do fim do século XIX[8]:

> Os dois últimos sulcos ainda!
> Vamos, meus bois, a sopa fumega!
>
> O sol já não tem raios,
> sobre os prados cai a bruma.
>
> Apertemos o passo... no horizonte
> eis a estrela que se acende.
>
> Logo repousaremos,
> eu, perto da lareira, onde a gente se aquece,
>
> vocês, diante das manjedouras redondas
> perfumadas pelo feno novo.
>
> Força, meus bravos, vamos!
> A mulher espera, a sopa fumega...

[8] Já analisei esse texto, de outro ponto de vista, em Maingueneau (2015).

Os últimos sulcos
são os mais curtos[9].

O enunciador desse texto parece ser um camponês do século XIX conversando com seus bois. Contudo, ele nem de perto se exprime como o faria um verdadeiro agricultor dessa época. Na realidade, o leitor culto, que tenha estudado grego e latim, encontra aqui uma figura típica da tradição literária: o trabalhador fala segundo os cânones do "estilo bucólico", como os inúmeros personagens dos "idílios", "éclogas", "pastorais" ... que povoam a literatura europeia desde Teócrito e Virgílio. O estilo bucólico — do grego *boukolos*, vaqueiro — é exatamente o negócio daquele que se ocupa de bois. Encontramos nesse poema os traços típicos desse estilo: de um ponto de vista sintático, o recurso privilegiado à parataxe, à repetição e à simetria; de um ponto de vista cognitivo, a inclinação do personagem sobre seu ambiente e suas necessidades imediatas. Mas se esse camponês também pode existir em um intertexto, é porque acima dele se encontra outro locutor, bem real, o poeta autor da coletânea em que esse poema figura e que exibe assim um ethos de poeta letrado.

O ethos de moralista e o ethos bucólico têm em comum sua inscrição nos modos de falar estabilizados em universos textuais. Mas há casos em que o próprio ethos resulta das características de um universo intertextual e da maneira de falar de uma ou de outra categoria social. No extrato a seguir, de uma renomada comédia de Molière, *O doente imaginário*, o locutor é um tabelião que demonstra um "ethos profissional" bem característico; ele responde da forma seguinte quando o personagem principal lhe pergunta se tem o direito de fazer um testamento em favor de sua esposa:

> O TABELIÃO: O Costume resiste a isso. Se o senhor estivesse em um país de direito escrito, isso poderia ser feito; mas, em Paris, e nos países de costume, pelo menos na maioria deles, é que não se pode, e a disposição seria nula. Toda a vantagem que homem e mulher unidos pelo casamento podem fazer um ao outro é uma doação mútua intervivos; e isso desde que não haja filhos, seja dos dois cônjuges, ou de um deles, quando do decesso do primeiro morrente (*O doente imaginário*, I, VII).

Esse locutor é significativamente categorizado como "o tabelião"; ele mostra o ethos dos homens da lei da época, que se espera seja reco-

---

9 Émile du Tiers, *Derniers sillons*. Niort: L. Clouzot, 1892, p.1-2. Sobre esse poema, ver Maingueneau (2015).

nhecido pelos espectadores com base no tom, na sintaxe e no vocabulário típicos da profissão. Mas se trata também de um personagem de teatro; o homem da lei é uma figura tradicional da comédia clássica, e os traços estereotípicos vinculados a essa figura interferem com o tabelião "real". Ethos propriamente social e ethos intertextual se misturam aqui, mesmo que o ethos propriamente social domine.

Existem muitas outras maneiras de atribuir um ethos a um locutor "irreal". Em um trabalho anterior, eu o evoquei sob o nome de ethos *híbrido* (Maingueneau, 2016: 113), ilustrado pela propaganda de um festival artístico apresentado numa área rural[10].

> O festival é um momento, uma emoção, um único olhar absorvido pela cena, uma concentração do tempo em um espaço reduzido. E depois há o em redor, o antes, o ao lado. Em Beauquesne, o espetáculo acontece num pátio de fazenda. Então, em redor, tem-se forçosamente os celeiros e os pastos. Nos celeiros, vemos exposições: fotos do festival, imagens das pessoas, imagens dos momentos. No pasto, bebe-se com os amigos, janta-se antes do espetáculo, ceia-se para não ir embora imediatamente. Fala-se de espetáculos vistos ou a ver. Evocam-se lembranças contadas a cada ano. Às vezes, se canta, até se toca. Enfim, segue-se vivendo.

Para o leitor, o ethos do enunciador de um texto desses não remete a uma categoria social identificável. Realmente, ele mescla ostensivamente características estereotípicas de um ethos de mediador cultural e de um ethos de camponês caricatural; o leitor deve, assim, ativar um fiador imaginário, que combinaria refinamento estético e enraizamento em um mundo agrícola pertencente ao passado.

Um texto desses nos força a refletir sobre o poder do discurso. Mesmo que não existam locutores que falem desse modo, esse ethos híbrido está indiretamente ancorado na sociedade contemporânea. Ele se apoia em fenômenos sociais bem reais, a saber, a multiplicação de festivais culturais em cenários rurais, destinados a cosmopolitas em férias, ou a instalação em aldeias de habitantes de origem urbana que não trabalham no lugar, ou ainda a compra por citadinos das antigas casas, transformadas em residências de fim de semana.

---

[10] Esse festival, "Os comediantes agrícolas", aconteceu entre os dias 3 e 4 de julho de 1999 em Beauquesne (Picardia). Foi organizado por uma associação cujo nome resume bem o projeto: "Cultura na fazenda".

Encaixamento e enquadramento de ethos

O monólogo de ethos "bucólico" acima evocado implicava a existência de duas cenas de enunciação, uma encaixada na outra: a do personagem e a do autor, que nesse poema exibia um ethos duplo: próximo daqueles que guardam contato com a Natureza e do conhecedor da poesia antiga.

O encaixamento de um ethos em outro ocorre em todos os tipos de texto. Nesse caso, o ethos representado interage com o ethos representante, segundo modalidades que variam em função do tipo e do gênero de discurso relacionados, mas também do posicionamento dos autores. A relação entre os dois ethos pode até mesmo estar no núcleo de decisões interpretativas importantes. Basta pensar nos *Diálogos* de Platão: dizer qual é a relação entre o ethos do autor, Platão, e o do personagem de Sócrates que ele põe em cena equivale a dar certa interpretação da filosofia ocidental. E que dizer do Cristo, cujo ethos só é acessível por meio dos enunciados reportados de estilo direto produzidos por evangelistas invisíveis? Voltaremos mais demoradamente ao encaixamento de ethos na segunda parte deste livro.

Essa hierarquia entre ethos representante e ethos representado não deve ser confundida com outra, a hierarquia entre um ethos que podemos chamar de *enquadrante* e um ethos *enquadrado*. O ethos do editor de um romance é "enquadrante", ao passo que para locutores "representados", o ethos do narrador é um ethos "representante".

Para ser operacional, essa distinção entre encaixamento e enquadramento deve levar em conta a diversidade de situações em que há uma hierarquia de ethos. Há todos os tipos de enquadramentos e de encaixamentos. A esse respeito, podemos retomar um exemplo de ethos enquadrante que eu já estudei[11]. Trata-se de textos curtos que apresentam jovens (categorizadas como "monitoras") trabalhando como voluntárias no jardim botânico do Bronx em Nova York durante o inverno de 2012. Analisei os dois exemplos a seguir, o primeiro atribuído a uma jovem branca (Ilaria), o outro, a uma jovem negra (Keishanna).

> Meu nome é Ilaria Lampson, estudo na Pelham Memorial High School. Me inscrevi para o programa de monitoria adolescente em 2012 porque adoro o ambiente do jardim botânico e gosto de me ver cercada por toda essa

[11] Maingueneau (2014a).

beleza. Ser monitora é divertido, e encontrei muita gente legal de toda a Nova York e arredores. O Everett Children's Garden é completamente voltado para ensinar a crianças e a suas famílias tudo sobre a natureza. Isso me fez acreditar que eu era perfeita para o programa. Durante a semana, faço atividades como patinação artística, atividades extracurriculares nas Nações Unidas, pratico balé e estudo línguas adicionais. Considero a ciência uma disciplina muito interessante e espero aprender mais sobre o ciclo de vida de uma planta e como elas sobrevivem na natureza.

Olá, meu nome é Keishanna Bernard, mas as pessoas me chamam de Kish para ficar mais fácil. Atualmente estudo no Christopher Columbus High School Campus, mas minha escola original é o Collegiate Institute for Math and Science. Virei monitora no outono de 2012. Meus *hobbies* preferidos são jogar videogame, dormir e comer. Há quatro anos, eu era uma ativa participante do atletismo. Meus temas favoritos são meio ambiente e língua inglesa. Outra coisa interessante sobre mim: gosto muito de rir. Meu objetivo na vida é fazer graduação dupla em biologia marinha e enfermagem.

Nesses dois textos, o ethos *dito* é o dominante: as enunciadoras se descrevem, e os perfis que elas traçam são muito diferentes. Em contrapartida, os ethos *mostrados*, relegados a segundo plano, são relativamente próximos, mesmo com Keishanna se mostrando mais bem-humorada que Ilaria. O que podemos dizer é que esses ethos mostrados não são incompatíveis com o ethos dito. O leitor percebe, porém, uma nítida diferença de elaboração entre os dois textos, especialmente no que se refere ao manejo da língua escrita, mais complexa no caso de Ilaria.

Tal contraste entre ethos ditos tão diferentes e ethos mostrados tão próximos se explica facilmente. A apresentação visual idêntica (o recurso ao mesmo tipo de apresentação pessoal), o caráter muito restrito da formatação, tanto na extensão quanto no conteúdo (a redação segue claramente um plano definido: identidade, motivação, *hobbies*, projetos) fazem surgir o ethos enquadrante de uma instituição que reduziu a divergência de ethos mostrado entre os textos para dar o sentimento da diversidade ao manter a unidade imaginária de uma comunidade consolidada, a serviço de um mesmo objetivo. Assim como no caso da fotografia ou do cinema, poderíamos falar de *superimpressão* entre o ethos neutralizado da instituição que normaliza os textos e o dos locutores apreendidos em sua singularidade.

O problema dos iconotextos

Trate-se de uma conversa na esquina, de um programa político ou de um romance, ainda estamos no campo dos enunciados em língua natural, mesmo que, quando escritos, os enunciados quase sempre sejam submetidos a uma formatação visual. As coisas se apresentam sob uma luz diferente quando o texto é associado a uma imagem, sobretudo, quando imagem e texto formam um *iconotexto*, íntima associação entre o verbal e o visual. Esse é especialmente o caso dos anúncios publicitários. Não falamos de "iconotexto" quando a imagem tem função simplesmente ilustrativa. Com o desenvolvimento da fotografia, de novas técnicas de impressão e, hoje, da comunicação digital, os iconotextos são cada vez mais numerosos. O que força o analista do discurso a tomar em conta a interação entre o verbal e o visual, em vez de justapor dois ethos independentes.

Esse é um tópico significativo. No quadro restrito da publicidade, vou tão somente evocar dois modos distintos de administrar o ethos num iconotexto.

Em meu comentário sobre o anúncio do Jack Daniel's, eu me concentrei na parte verbal e no ethos do enunciador, apresentado pelo texto como um funcionário representativo do ethos da marca. Na realidade, as coisas são mais complexas. Com efeito, seria preciso levar igualmente em conta o ethos enquadrante da revista onde o anúncio se encontra; mesmo que os leitores não tenham disso consciência, o ethos interage com a revista. Esse anúncio e o produto que ele promove são pressupostos pragmaticamente compatíveis com a revista; reciprocamente, o ethos da revista é afetado pelo tipo de publicidade que ele enquadra. Além disso, outro enunciador perfeitamente alheio ao Jack Daniel's interveio no anúncio: aquele que, ao pé da página diz: "O consumo excessivo de álcool é prejudicial à saúde. Beba com moderação". No Brasil, essa fórmula figura obrigatoriamente em todos os anúncios de bebida alcoólica. Ela é atribuída a uma Autoridade indeterminada, na qual a Lei e a ciência médica estão intimamente mescladas, com o ethos de autoridade que isso carrega.

Agora vamos nos concentrar no iconotexto propriamente dito. Dado que existe uma enunciação fotográfica (Basso Fossali; Dondero, 2011), é preciso caracterizar a relação entre o ethos que ela implica e o do enunciador do texto. No exemplo, podemos falar de uma *convergência*: o próprio ethos — no caso, "simples" — impregna o texto e a imagem, que concorrem para torná-lo proeminente.

No anúncio da marca de bolsas de luxo "Lancel", em contrapartida, há, mais que convergência, uma *fusão* do verbal e do icônico, como o comprova a redução do verbal a enunciados elementares: nomes próprios ou *slogans*.

Grazia, 11-17 de novembro de 2011, p. 11.

O processo de incorporação recebe aqui destaque: o iconotexto apresenta a imagem de um elegante corpo feminino em movimento que remete simultaneamente à mulher alvo do anúncio e à própria marca Lancel. O enunciado em itálico situado abaixo e à esquerda ("Leveza francesa desde 1876") categoriza o ethos dessa mulher como um ethos experiencial qualificado pela "leveza", noção que se aplica evidentemente à fiadora do iconotexto, a saber, a marca. O fato de ela desenhar um longo bigode sobre o rosto da modelo contribui para assentar o ethos de uma marca "leve", que não se leva a sério, algo confirmado pela pose da artista: ela se apresenta como quem está representando um espetáculo, mas se divertindo com isso. Esse ethos de "leveza" interage com outro — elegante, refinado —, derivado do conjunto de signos do iconotexto: desde a roupa da mulher até a composição do todo do anúncio, passado pela escolha das fontes tipográficas. Esse equilíbrio delicado entre leveza e elegância está materializado no *slogan* em letras maiúsculas situado no centro à esquerda: "A ARTE, O AMOR, A MODA". Enquanto o Jack Daniel's constrói um ethos que pretende rejeitar todo ornamento, que opõe a natureza e o artifício, Lancel põe em primeiro plano a estética. Por isso, um anúncio simplesmente justapõe o texto e a imagem sem enfeites; o outro faz o mundo representado e a estética entrarem em fusão: a modelo é uma mulher que se dá a ver, um corpo-imagem, em um anúncio que funde o verbal e o visual. É impossível não fazer intervir aqui a representação estereotípica da diferença sexual do público-alvo: o uísque visa a um mundo masculino, as bolsas, a um público feminino.

Trate-se de convergência, trate-se de fusão de ethos, isso tem a ver com ethos único para o conjunto do iconotexto. Inversamente, os ethos são totalmente heterogêneos quando há inserções de enunciados como "O consumo excessivo de álcool é prejudicial à saúde. Beba com moderação", que provém doutra fonte de enunciação. Mas existem ainda outros tipos de relação entre ethos visual e ethos verbal. Veremos adiante (II,4) que pode haver complementaridade entre eles. Os casos de tensão, porém, ou até mesmo de contradição, são igualmente frequentes. Podemos imaginar, por exemplo, que num aplicativo virtual de relacionamento o ethos mostrado pelo anúncio contradiz o ethos mostrado pelas fotos que o locutor disponibiliza. Quando ocorrem tensão ou contradição, o intérprete é levado a se perguntar se isso é intencional da parte do locutor. Se ele concluir que é intencional, vai ter de buscar um ethos que justifique a divergência entre o verbal e o visual.

Da interpretação ao processamento do ethos

Vimos evocando até agora exemplos de enunciados produzidos por locutores que dominam os recursos linguísticos e comunicacionais pertinentes a essa ou àquela situação de comunicação. É o tipo de enunciado estudado preferencialmente pelos analistas do discurso: enunciados que poderíamos chamar de bem-sucedidos, produzidos por locutores que se pode classificar como especialistas. Seu ethos é facilmente identificável porque podemos relacioná-lo a uma instituição, a uma intenção ou a um posicionamento explicitados por suas características.

Mas quando saímos desses *corpora* privilegiados, a interpretação do ethos pode se demonstrar muito mais incerta; não podemos configurar o ethos como uma base evidente e sólida a partir da qual seria possível perguntar por que esse ethos, e não outro, é o manifestado pela enunciação.

Isso foi o que pudemos verificar nos anúncios de *sites* de relacionamento (Maingueneau, 2010: 79-98), redigidos por pessoas em busca de um(a) parceiro(a). Por mais que esses anúncios sejam textos monologais produzidos com um objetivo unívoco conhecido pelos parceiros da enunciação, a interpretação do ethos nem sempre é evidente. É isso o que se destaca do *corpus* que coletei há alguns anos[12] no *site* líder nesse campo na França, o Meetic (www.meetic.fr).

Vejamos o anúncio a seguir, produzido, dessa vez, por uma mulher de 51 anos:

> Amo a clareza de espírito, a responsabilidade e a tenacidade. Esses três valores implicam naturalmente uma busca depurada e elitista do ideal masculino. Isso só pode dizer respeito aos homens de coragem, que assumem responsabilidades de peso mantendo o controle da situação. Isso requer

[12] Nos dias 10/3/2008, 16/8/2010 e 17/9/2009. Visto que os anunciantes podem modificá-los a qualquer momento e podem assinar o *site* por períodos variáveis, os registros não são mantidos permanentemente. O *site* não dá nenhuma instrução para a redação do anúncio. A única restrição explícita é de ordem formal: 'O texto de seu anúncio deve comportar no minimo 50 caracteres e, no máximo, 2.000". Transcrevi os anúncios tais como foram disponibilizados *on-line*, com seus eventuais erros de ortografia e de digitação. Com efeito, é essencial dispor do texto tal como ele foi oferecido à avaliação dos destinatários.

envergadura, mas também respeito pelos outros. Para dizer a verdade, não são muitos os que possuem esses requisitos.
Façam contato

Presumivelmente, o ethos que se desprende desse enunciado será interpretado sobretudo negativamente, como expressão da personalidade de uma mulher "orgulhosa", "arrogante", "autoritária"... Mas essa interpretação imediata será a única possível? O leitor também pode ver nesse ethos, não um *sintoma*, mas uma *estratégia*. Interpretá-lo com sintoma é considerar que esse ethos exprime a personalidade da locutora. Interpretá-lo como estratégia é levar em conta que esse ethos é tão inesperado da parte de alguém que se espera queira seduzir que ele não reflete sua verdadeira personalidade, que tem como objetivo, por exemplo, afastar os importunos. Segundo decidamos por uma ou outra interpretação, as consequências serão evidentemente muito diversas.

Anúncios que transgridem as normas linguísticas e/ou comunicacionais suscitam uma perplexidade de outra natureza. Eis, por exemplo, o de um homem de 42 anos:

procuro uma mulé que tenha os óio verde e os cebelo castanho

Um anúncio desses não está exatamente conforme àquilo que se espera; é um enunciado bem mais curto que o requerido pelo contrato de comunicação. Diante de tal transgressão, as leitoras se verão tentadas a recorrer às implicaturas de Grice; assim, poderão considerar que o enunciado respeita, pelo menos, a norma, mas liberando um conteúdo implícito que a destinatária deve tentar extrair: por exemplo, que o anunciante é um grande romântico fugindo às convenções.

O problema é que a esse primeiro tipo de transgressão se adiciona outro: a ortografia está cheia de problemas. Para muitas leitoras, esses problemas provavelmente bastarão para bloquear a interpretação segundo a qual o autor é um romântico, adepto das fórmulas densas e poéticas. Elas dirão, por exemplo, que o enunciado é tão breve porque seu autor não sabe se exprimir. Mas esse diagnóstico não é inapelável; os erros de ortografia podem ser interpretados de modo diferente: por exemplo, pela hipótese de o anúncio não estar na língua materna do anunciante, ou de ele ser simplesmente disléxico... Também não devemos esquecer que a percepção dos erros de ortografia e a importância a ela concedida dependem das leitoras. Não se pode nem mesmo excluir a possibilidade de que, para algumas delas, a esqualidez dos meios de expressão autentique o ethos discursivo de um homem sincero e simples.

Mesmo quando o locutor é um especialista, o simples fato de a interpretação do ethos ocorrer entre dois indivíduos, independentemente de qualquer posicionamento e de alguma instituição em segundo plano, a torna problemática. É o que podemos ver, por exemplo, no anúncio a seguir, cujo redator trabalha em uma editora.

> Sou um homem de 56 anos, moreno de olhos castanhos, magro. Separado há vários meses e pai de dois filhos. Sou gerente editorial de uma editora universitária em Paris.
> Sou de origem catalã. Sincero, autêntico, gosto de pessoas. Sou voluntário em uma ONG, adoro viajar... Homem de caráter ao mesmo tempo frágil, sensível e romântico, busco em uma mulher: inteligência, sensibilidade, uma boa dose de humor e ternura para compartilhar muitos bons momentos a dois... Aguardo contato.

Esse texto é rico de informações sobre o ethos dito, pois desenha o retrato do locutor. Contudo, é muito difícil lhe atribuir um ethos mostrado. Podemos ver nele um caso típico de "apagamento de ethos", no sentido em que se fala de um "apagamento enunciativo" (Vion, 2001, Rabatel, 2004), quando o locutor dá a impressão de "se ausentar da enunciação, de 'objetivizar' seu discurso" (Vion, 2001: 334), para orientar a atenção do destinatário apenas para o ethos dito. O problema é que as leitoras de anúncios como esses estão preocupadas principalmente em determinar que personalidade se encontra por trás do texto; muitas interpretarão, portanto, o apagamento de ethos como a manifestação de um ethos, em termos positivos (esse homem é "sério", "calmo", "competente", "reservado"...), ou negativos (ele é "frio", "distante", "indiferente", "falto de imaginação"...).

Não se pode, então, considerar os anúncios desse tipo de *site* como representativos das dificuldades encontradas por qualquer destinatário em busca de identificar o ethos de algum anúncio. Fixar sua atenção no ethos de um enunciado e analisá-lo não é uma atividade descontextualizada, mas um processo vinculado ao conjunto das condições de enunciação e de circulação. Compreender um enunciado é consubstancial à atividade verbal, mas na sociedade encontramos também uma multiplicidade de práticas que vão além da simples compreensão imediata dos enunciados: por exemplo, quando fazemos uma ata de reunião, um comentário estilístico em uma faculdade de Letras ou um comentário político em um estúdio de televisão. Passamos da simples interpretação a um *processamento* dos enunciados, cujas modalidades variam em função de suas finalidades e das instituições onde ele se exerça. O mesmo se dá com o ethos: em algumas circunstâncias, ele é objeto de um "processamento" específico. Os leitores de anúncios em *sites* de relacionamento se fazem tantas perguntas sobre o ethos do autor do anúncio exatamente porque, para esse tipo de enunciado, o ethos constitui um desafio essencial: avaliar mal o ethos de um anunciante é correr o risco de passar ao largo de alguém que lhe convém ou, ao contrário, de mergulhar em uma relação que não leva a lugar algum.

Entra na caracterização do ethos, desde suas origens, o fato de ele ser eficaz por conferir uma cor, visão de conjunto à enunciação, mas permanecer em segundo plano. O fato de trazê-lo a primeiro plano, de submetê-lo a um "processamento", exige circunstâncias especiais. O ethos é, então, duplamente discursivo: pelo fato de acompanhar todo uso do discurso, mas também porque o interesse a ele dedicado varia em função das condições da enunciação. Fixar sua atenção no ethos, categorizá-lo, difundir o produto dessa categorização por meio desse ou daquele canal, tudo isso depende do estatuto do intérprete e do conjunto do dispositivo no qual ele é tomado.

A sociedade contemporânea, para além dos *sites* de relacionamento, multiplica as situações em que o ethos se torna objeto de um processamento sistemático e é trazido para o centro das atenções. Quando redigimos um *curriculum vitae*, estamos na realidade tentando antecipar o processamento do ethos que ele vai ativar em seus destinatários: escrever isso ou aquilo, utilizar tal corpo ou cor de caractere, uma diagramação ou outra, é assumir o risco de orientar o processamento de seu ethos numa direção indesejada. Em tais condições, compreendemos que as entrevistas de emprego ou as apresentações de projetos diante de bancas de seleção, nas quais o ethos do postulante desempenha um papel importante na decisão, sejam objeto de ensino específico.

O processamento do ethos não se limita à esfera privada ou profissional. As personalidades públicas, em qualquer campo que se imagine, devem administrar sua “imagem”, quer dizer, seu ethos. Nesse caso, o processamento não passa por situações em que há seleção, ou em que seja preciso se destacar em relação à concorrência, mas ele se integra a diversos gêneros midiáticos que, numa determinada conjuntura, se dão por tarefa responder a perguntas do tipo: “Quem é X?”, “qual é o verdadeiro rosto de X?” … Isso é particularmente nítido em política ou na imprensa especializada na vida de famosos.

No caso da política, a interpretação do ethos tem desafios importantes: “a imagem” da pessoa condiciona sua carreira. O problema é que essa imagem resulta da interação entre os signos, de ethos mais ou menos controlado, produzidos pelo indivíduo envolvido e os discursos produzidos a propósito de suas falas, especialmente para a mídia.

Tive a oportunidade de estudar uma aforização atribuída a Nicolas Sarkozy (Maingueneau, 2012b), então presidente da República francesa, a respeito do primeiro-ministro espanhol da época, José Luis Zapatero: “Ele não é muito inteligente”. Esse episódio agitou a mídia e abriu uma crise diplomática com a Espanha. Nesse caso, o ethos de Sarkozy suscitara a reprovação: a frase fora citada por jornalistas para demonstrar ser ele arrogante e impulsivo, não possuindo, portanto, as qualidades esperadas de um chefe de Estado. O título do artigo era, nesse sentido, revelador: “Sarkozy se acha o dono do mundo” (*Libération*, 16 de abril de 2009). Ora, os enunciados em questão tinham sido ditos em uma interação oral e num contexto semiprivado, no qual o locutor quase não controlara o ethos que desejava apresentar. N. Sarkozy convidara para almoçar parlamentares de diversas tendências políticas, e foi entrevistando alguns convivas que os jornalistas do jornal *Libération* puderam escrever o artigo.

O fato, porém, de se tratar de um chefe de Estado bastou para inscrever as palavras de Sarkozy numa configuração favorecedora do processamento de ethos. O jornal que critica nesses termos o Presidente, o *Libération*, posiciona-se à esquerda, logo, tem todo o interesse em desqualificar seus adversários políticos para preservar sua identidade junto a seus leitores. Estamos, além disso, falando de um jornal. Como tal, ele faz parte de uma máquina midiática em busca perpétua de informações capazes de chamar a atenção, especialmente de enunciados de personalidades de primeiro escalão com o potencial de provocar escândalo. Diferentemente dos internautas assinantes de *sites* de relacionamento,

Sarkozy dispõe de um ethos pré-discursivo saliente, do qual zombam os chargistas; a mídia vai muito naturalmente privilegiar entre seus enunciados aqueles que reafirmam esse ethos pré-discursivo. É o que se passa com a frase contra o primeiro-ministro espanhol, como o sublinha, aliás, o início do artigo, que evoca os estereótipos colados à "charge" de Sarkozy:

> Os cerca de vinte parlamentares de todas as correntes convidados a um almoço pelo chefe de Estado para discutirem a regulação do capitalismo e os paraísos fiscais tiveram acesso, segundo um conviva, a *"um Nicolas Sarkozy ligado no 220, isto é, estranhamente próximo de sua própria caricatura"*.

Para defender Sarkozy, e não para contestar a autenticidade da frase, seu ministro de relações exteriores, Bernard Kouchner, questionado no dia 20 de abril de 2009 em uma rede de televisão, achou mais eficiente reavaliar positivamente esse ethos: "Sim, realmente é assim que ele fala. Ele é expressivo, jovem e ardoroso, e isso faz uma enorme diferença"[13]. A aposta nessa reavaliação é clara: reinterpretar em termos positivos "("jovem e ardoroso") o ethos do Presidente é dizer implicitamente que ele é um bom presidente, que ocupa legitimamente o lugar que ocupa. Do mesmo modo, quando os adversários do presidente Donald Trump nos Estados Unidos afirmam que muitos de seus enunciados, especialmente seus tuítes, manifestam um ethos indigno de seu cargo, seus partidários propõem outra avaliação: ele é franco e direto, próximo do povo. E o processo não tem fim: ao reavaliar o ethos de Sarkozy, B. Kouchner pretende melhorar seu próprio ethos, demonstrar que tem motivo para ser ministro no governo desse presidente de ethos positivo. Ao fazer isso, ele se arrisca a degradar esse ethos: alguns jornalistas interpretaram sua defesa como a manifestação do ethos de um homem em busca de puxar o saco do chefe.

[13] Disponível em: http://tempsreel.nouvelobs.com/actualite/politique/20090419.OBS3886/intelligence--de-zapatero-kouchner-met-les-choses-au-point.html, último acesso: 24Jan2020.

VARIAÇÕES

I

Ethos encaixados

1

No teatro

Os analistas do discurso, isso é bastante compreensível, geralmente preferem estudar os ethos que manifestam diretamente a identidade de um locutor. Contudo, é preciso levar em conta o fenômeno de encaixamento de ethos supraevocado, quando uma enunciação está representada numa outra. Chega até a ocorrer que alguns ethos discursivos só existem quando representados. Entre as duas guerras mundiais, a maioria dos europeus podia facilmente identificar um suposto ethos de locutor judeu (difundido por charges, libelos, peças de teatro, filmes...), mesmo que jamais tivessem tido contato com judeus... O encaixamento de ethos está presente em todos os tipos de texto, com funções e efeitos variadíssimos. Contudo, em todos os casos, é preciso evitar não apreender o ethos representado por si mesmo: o ethos representante tende a se fazer esquecer, ao passo que o ethos representado só existe por si e para si.

Ethos em interação

O teatro constitui, por natureza, um campo privilegiado para o estudo do ethos encaixado. Realmente, o espectador percebe na cena verdadeiros corpos falantes impondo a própria presença. Estamos longe do escrito, no qual cada leitor deve operar a construção do fiador com todas as incertezas que isso acarreta. Diferentemente daquilo que se passa em uma interação oral fora do teatro, os ethos mostrados pelos personagens não são autônomos: dependem do ethos de um "arquienunciador" invisível, o dramaturgo, que não fala, pelo menos no sentido costumeiro do termo. Seu enunciado é a peça em si. Podemos, todavia, atribuir-lhe um ethos. Se considerarmos as três dimensões do ethos (categorial, experiencial e ideológica), são essencialmente as duas últimas as que estão envolvidas nesse caso: atribuem-se ao dramaturgo qualidades como "sóbrio", "angustiante", "vivo", "irônico"... e escolhas em termos de posicionamento: "simbolista", "clássico", "naturalista"... Mesmo que um personagem da peça possa ser mãe de família, médico, empregada, camareiro, solteiro... o autor escapa a qualquer categorização que extrapole as resultantes de sua criação: ele é escritor e autor dramático.

A relação entre os ethos dos personagens e o do arquienunciador não é estável, mesmo atendo-nos ao teatro ocidental, tal como ele se desenvolveu a partir do século XVI. Ela varia em função dos gêneros e dos posicionamentos. Em uma tragédia dos séculos XVII ou XVIII, por exemplo, os personagens partilham um mesmo ethos nobre, que não é o do autor: é aquele que o gênero da tragédia impõe. Em contrapartida, levemos em conta o fragmento a seguir de *Peléas e Melisanda* (1892), de Maurice Maeterlinck, uma das peças emblemáticas da corrente simbolista:

> GENEVIÈVE: Acho que ele nos viu, mas não sabe o que deve fazer... Peleás, Peleás, é você?
> PELÉAS: Sim!... Venho dos lados do mar...
> GENEVIÈVE: Nós também; estávamos atrás da claridade. Aqui está um pouco mais claro que lá, e o mar continua sombrio.
> PELÉAS: Teremos tempestade esta noite. Temos tempestade quase sempre... porém, o mar está tão calmo esta noite... Podíamos até embarcar sem saber disso e não voltar.
> MELISANDA: Tem algo saindo do porto ...
> PELÉAS: Tem de ser um navio de grande porte... As luzes estão muito altas, nós poderemos vê-lo o tempo todo quando ele entrar na faixa de claridade...
> GENEVIÈVE: Não sei se poderemos vê-lo... Há bruma no mar ...
> PELÉAS: Parece que a bruma está se elevando lentamente...
> MELISANDA: Sim; percebo, lá longe, uma luzinha que nunca vi antes...
> PELÉAS: É um farol; há outros que ainda não conseguimos ver.

MELISANDA: O navio está na luz... Já vai bem longe (M. Maeterlinck, *Peléas e Melisanda*, 1892, ato I, cena IV).

Os três personagens compartilham o mesmo ethos discursivo, como o mostra a grande quantidade de reticências, seus recursos a frases mínimas e à parataxe, o caráter alusivo de suas afirmativas. Espontaneamente, o espectador atribuirá esse ethos não aos personagens, mas ao arquienunciador, que demonstra também seu posicionamento simbolista. Poderíamos fazer observações comparáveis a respeito de outros dramaturgos franceses do século XX (por exemplo, Jean Giraudoux, Paul Claudel, Marguerite Duras ou Bernard-Marie Koltès), cujos personagens parecem habitados por um mesmo ethos, o do autor. A maioria, porém, dos dramaturgos, sobretudo no teatro mais popular, destaca a diversidade dos ethos, fazem seus personagens falarem em função de suas características sociais: homem, mulher, médico, operário, jovem... Nesse caso, o espectador não tem acesso direto ao ethos do autor.

O próprio ethos do dramaturgo e dos personagens interfere sobre outro, o do diretor teatral, que toma decisões em matéria de cenário, de iluminação, de figurino, de dicção... apoiando-se na interpretação da peça por ele proposta. Podemos, por exemplo, falar de uma montagem "exuberante", "minimalista", "fria", "grandiloquente" ... Mas a intervenção cada vez mais visível do ethos do diretor teatral só se impõe ao final do século XIX e, durante muito tempo, só dizia respeito ao teatro de vanguarda. Hoje, o diretor teatral mostra seu próprio ethos nas peças de Shakespeare ou de Lope de Vega, nas quais faz interagir os ethos do arquienunciador e dos personagens com o seu. Se outrora a montagem, no sentido forte do termo, desempenhava um papel marginal, é porque estava firmemente apoiada em rotinas compartilhadas pelos profissionais e pelo público. Os personagens entravam em cena já portadores de um ethos tipificado no qual se mesclavam realidade extrateatral (como fala uma serva? Um médico? Um grão-senhor? Um avaro? Um ciumento?) e convenção teatral (como fala uma serva, um médico, um grão-senhor, um avaro, um ciumento no teatro?).

Para infundir nos personagens essa mescla de teatralidade e de referência ao mundo circundante, as comédias que põem em cena personagens apresentados como prototípicos de uma categoria social e/ou psicológica oferecem *corpora* privilegiados.

Por isso vamos nos debruçar sobre duas peças de Molière, concentrando nossa atenção não no ethos único dos personagens, mas na relação com o ethos do arquienunciador. Isso nos permitirá dizer algumas palavras sobre um aspecto desse ethos frequentemente ignorado: sua identidade sexual. Sabe-se que a obra de Molière é atormentada pela questão do lugar do feminino em uma época e cidade, Paris, nas quais o desenvolvimento dos salões e de uma literatura galante fez emergir práticas discursivas geridas por mulheres que questionam a distribuição tradicional dos papéis do homem e da mulher. Essa preocupação aflora ao longo de toda a carreira do dramaturgo: desde as *Preciosas ridículas* (1659), sua primeira criação parisiense e seu primeiro grande sucesso, até *Escola de mulheres* (1662), o *Misantropo* (1666), as *Eruditas* (1672), sua penúltima peça.

Vou, muito rapidamente, evocar duas dessas peças, *O misantropo* e *As preciosas ridículas.* Como o enfatizam seus títulos (e, no caso de *O misantropo* seu subtítulo "o atrabiliário amoroso"), o ethos dos personagens está aqui em primeiro plano: as duas obras baseiam-se no confronto entre "caracteres" divergentes. Molière, aliás, toma o cuidado de atribuir a cada personagem um ethos discursivo correspondente a sua categoria psicológica ou social; é o que ele chama de "o caráter do papel". Ele, por exemplo, o leva em conta em uma peça curta, *O improviso de Versalhes*, na qual ele mesmo se põe em cena falando a dois de seus comediantes, Du Croisy e Brécourt.

> MOLIÈRE: Isso é verdade e é nisso que a senhora permite ver melhor que é excelente comediante, capaz de bem representar um personagem tão contrário a seu humor: empenhem-se, pois, em bem apreender todos *o caráter de seus papéis* e em imaginarem que são o que representam.
> (A Du Croisy): O senhor faz o poeta, sim, o senhor, e deve se preencher desse personagem, marcar *o ar pedante mantido nas relações das altas rodas, o tom de voz sentencioso e a exatidão de pronúncia apoiada em todas as sílabas,* e não deixe escapar nenhuma letra da mais severa ortografia.
> (A Brécourt): Já o senhor, o senhor faz um cortesão honesto, como já o fez em *A crítica da Escola de Mulheres,* quer dizer que deve assumir *um ar posado, um tom de voz natural e gesticular o menos possível.*
> (*O improviso de Versalhes*, cena I; itálicos meus.)

O termo "ar", à época, designa o conjunto do comportamento verbal e não verbal, um modo de estar em sociedade, "o reflexo exterior de uma realidade interior, a imagem que se transmite aos outros" (Berlan, 1989: 98), em suma, um ethos. Nesse sentido, é significativo que Molière alicerce esses dois personagens nos mundos éticos correspondentes: "As altas rodas" para o poeta e "a corte" para o "cortesão honesto".

O misantropo

Alceste, personagem central do *Misantropo*, é tido como um "atrabiliário", em cólera constante contra os costumes de seu tempo, inimigo dos salões e, mais amplamente, das convenções sociais, que julga hipócritas. O problema é que ele está apaixonado por uma jovem e linda viúva, de caráter diametralmente oposto, Célimène, que atraía para seu salão os apaixonados e os "belos espíritos". O amigo de Alceste, Philinte, também tem um ethos experiencial muito diferente: muito mais tolerante e sociável, ele se acomoda aos costumes de sua época. No início da peça, os dois amigos veem chegar Oronte, que exibe "o ar" das pessoas das altas rodas: vestido na última moda, ele faz versos e os lê nos salões. Cada um desses três personagens também está associado a um ethos específico e avalia também o dos dois outros.

A aversão de Alceste por Oronte se manifesta fortemente quando Oronte lê para ele um soneto que escreveu para uma dama pela qual se diz apaixonado. No poema, ele se dirige a ela:

> ORONTE
> Vós tivestes boa vontade,
> Melhor poupar essa gastança;
> Pois pra que prodigalidade
> Se ao fim só ganhei esperança.
> PHILINTE
> Mas que termos galantes nessa passagem!
> ALCESTE, *baixo*
> Meu Deus! Como pode elogiar tal bobagem?
> ORONTE
> Se é preciso eterna espera
> Para o triunfo do meu zelo,
> A mim só restará morrer.
> Nem o seu carinho tempera,
> Bela Philis, o meu triste desvelo,
> Se só esperar posso fazer.

PHILINTE
É belo, amoroso e admirável o final.
ALCESTE, *baixo*
Que se dane o final! É um lixo infernal,
Com um final assim, só vai quebrar a cara!
(Ato I, cena II)

Philinte e Alceste mostram aqui claramente a divergência entre seus ethos: um é complacente, o outro rejeita violentamente o ethos mundano de Oronte, que se manifesta de maneira exemplar mediante o ethos discursivo de seu poema de salão. Essa oposição entre os dois ethos se manifesta em um contraste geralmente enfatizado pelos diretores teatrais: o contraste entre o ethos marcadamente viril de Alceste e o ethos efeminado de Oronte: coberto de fitas, ele porta uma peruca frisada e fala num tom meloso.

Ao final da leitura, Alceste se dedica a uma crítica em regra do soneto, questionando a estética galante sobre a qual ele se baseia.

ALCESTE
Na verdade, deve jogá-lo [= seu soneto] na privada.
Tomou por modelo, senhor, horrores tais,
Que as suas expressões não soam naturais.
Que é *nosso tédio ela embala*[1]
Ou *nada vem para apoiá-la*?
Quem *a Philis só enrola*,
Se *é precisa eterna espera*?
Esse estilo figurado, que hoje é vaidade,
Falseia tanto o caráter quanto a verdade.

Para além do ethos atrabiliário de Alceste, temos aqui um debate estético, destinado a legitimar implicitamente o posicionamento e o ethos do arquienunciador Molière, tal qual ele se mostra exatamente através dessa peça. A desqualificação do posicionamento galante de Oronte passa, em um primeiro nível, pela desqualificação de um gênero emblemático da poesia de salão, o soneto, tacitamente contrastado com a comédia de Molière da qual ele faz parte. O desafio do debate é saber qual é o tipo legítimo de literatura, aquele que "representa o melhor da natureza",

[1] Estão em itálico as passagens extraídas do soneto.

numa conjuntura na qual "a imitação da natureza" é considerada a norma dominante para a Arte. Essa cena do *Misantropo* não explicita o posicionamento do autor quanto a essa questão. A literatura legítima é aquela que a peça mostra: ela dá voz a duas estéticas opostas para mais bem desqualificá-las, adotando uma posição de equilíbrio entre os dois excessos encarnados por Oronte, o efeminado, e Alceste, o bruto. O primeiro, representante da literatura galante, é condenado porque suas expressões são nada naturais e ele recorre excessivamente a "figuras". Condena-se uma literatura que se feche sobre si mesma ("jogo de palavras"), em vez de representar a natureza:

> Esse estilo figurado, que hoje é vaidade,
> Falseia tanto o caráter quanto a verdade;
> É só jogo de palavras e afetação
> E nunca fala assim a natureza, não (I, 2).

Mas Alceste também é desqualificado, ele que defende o excesso contrário, que exalta os méritos de uma canção popular que, a lhe dar crédito, "vale bem mais / que essas bugigangas[2] que o bom senso murmura". Entre uma literatura de salão feita para agradar às damas e na qual a linguagem se volta sobre si mesma e uma literatura popular pouco elaborada, que fortalece a relação tradicional entre os sexos, o arquienunciador define a legitimidade de um ethos que convém às "pessoas de bem", uma literatura cuja ornamentação não extrapole o quadro do "bom senso", da "natureza". Em suma, ele parece adotar posição próxima à de Philinte.

Em um segundo nível, a relação entre os ethos dos diferentes personagens e o do arquienunciador parece mais complexa. Evidentemente, a peça parece impor um posicionamento determinado ao desqualificar duas estéticas apresentadas como dois excessos contrários, mas, em uma obra como a de Molière — aliás, como em toda obra genuína —, não se pode identificar tão facilmente um ethos unívoco, que seria o do arquienunciador. Temos o direito de nos perguntar se não é preciso distinguir um ethos manifesto (o do justo meio, à igual distância entre os dois excessos opostos) e um ethos latente, desestabilizador do primeiro. Na perspectiva do dialogismo literário tal como definido por Mikhail

2 Isso é, os poemas de salão.

Bakhtin (1970) a propósito dos romances de Dostoiévski, pode-se também perguntar se, enquanto dramaturgo, o autor do *Misantropo* não é, na realidade, o lugar do conflito, se sua obra teatral não participa, ao mesmo tempo, dos três ethos.

No fim das contas, somos remetidos a uma interpretação do conjunto da obra de Molière. Muitos críticos — e isso desde o século XVII — consideram que essa obra tem um centro, a comédia de caráter, e que os textos de outros gêneros escritos por Molière (dos entretenimentos mundanos às farsas) são produções menores, sem correspondência com seu verdadeiro posicionamento. Outros, ao contrário, fazem de Molière alguém que privilegia a diversidade:

> A arte do teatro, tal como concebida por Molière, não está aqui mais que ali; em uma grande comédia de caráter mais que na farsa satírica. Ela está no próprio exercício do teatro [...] Molière não está inteiramente voltado para um propósito estritamente estético: o de elaborar pacientemente um tipo de comédia regular, fundada no estudo dos costumes e dos caracteres (Forestier, 1990: 68-69).

Mulheres ridículas

As preciosas ridículas põem em cena o ethos de um grupo social presumido, as "preciosas"[3], por meio de dois personagens típicos, duas jovens da burguesia: Cathos e Magdelon. O ethos delas se opõe ao do trio masculino formado pelo burguês Gorgibus e dois jovens, La Grange e Du Croisy, seus pretendentes. Todos os três exibem um ethos que se pretende de "bom senso". A peça também contrasta dois "mundos éticos", o de uma casa burguesa e o dos salões galantes. Esses mundos éticos eram familiares aos espectadores dessa época. O mesmo não se passa com os espectadores e os diretores teatrais de hoje: para representar o ethos precioso, eles são obrigados a se apoiarem rigorosamente na tradição teatral.

[3] O preciosismo é um fenômeno cultural desenvolvido no século XVII. Ele se organizava em torno dos salões onde mulheres da sociedade recebiam seus convidados para conversar e praticar diversos gêneros literários. As duas características que mais impressionam os contemporâneos é o uso que elas fazem de uma linguagem refinada e suas reivindicações feministas: ao casamento imposto pela família, que submetia a mulher a seu marido, as preciosas opunham uma relação fundada em sentimentos amorosos delicados, cujo modelo era fornecido pela literatura romanesca [sobre o preciosismo, ver Maître (1999)].

A peça enfatiza a oposição entre as duas faces de todo ethos coletivo: por um lado, sua relação mais ou menos conflituosa com um exterior — o antiethos ao qual todos se opõem para definir a própria identidade — e, por outro, o sentimento de comunhão suscitado pela partilha do mesmo ethos. É o que ilustra o fragmento a seguir:

> GORGIBUS: Que diabo de jargão estou ouvindo aqui? Parece ser mesmo de alto estilo.
> CATHOS: Realmente, meu tio, minha prima vai ao cerne da coisa. A forma de bem receber pessoas completamente incongruentes em galanteria! Posso apostar que eles jamais viram o Mapa da Ternura e que doces bilhetes, atenções delicadas, bilhetes galantes e versos ternos são terras desconhecidas para eles. Não vê o senhor que toda a sua pessoa marca isso e que eles não têm nada do ar que dá desde logo boa opinião sobre as pessoas? Vir em visita amorosa com uma perna toda lisa; um chapéu desarmado de plumas; uma cabeça irregular em cabelos e um traje que sofre de uma indigência de fitas! Meu Deus, que amantes são esses! Não há como durar, não dá para segurar. Percebi também que suas abas não são de boa confecção e que ainda carecem de mais de meio pé, que seus calções não são largos o suficiente.
> GORGIBUS: Acho que são todas as duas loucas e não consigo entender nada dessa algaravia (cena IV).

O ethos reivindicado aqui pelas preciosas e exibido pela enunciação de Cathos é oposto a um antiethos, o dos homens "incongruentes em galanteria", cuja inadequação se mostra, ao mesmo tempo, pelas roupas e pela inaptidão de praticar certos gêneros de discurso ("cartas de amor", "gestos delicados"...).

O pai de família, Gorgibus, classifica as proposições da jovem como "algaravia" e "jargão", isto, é, como ethos de um grupo social que se distancia indevidamente do uso normal, natural. Essa denúncia do "jargão" em nome do "natural" da língua se inscreve em uma veia cômica que desqualifica certo número de comportamentos classificados de desviantes em relação a uma norma que a peça pressupõe seja compartilhada pelo público e pelo dramaturgo. Nesse sentido, o ethos das preciosas vai se juntar ao de outros desviantes linguísticos do teatro clássico: por exemplo, os personagens dos camponeses ou dos médicos.

Pelo menos é o que a peça dá a entender, visto que os espectadores não são confrontados com uma alteridade linguística comum. O "jargão" das preciosas não é um socioleto como outro qualquer; ele participa, na realidade, de um ethos que implica a literatura de modo crucial. No mundo das preciosas — assim como no dos personagens de Dom Quixote ou de Madame Bovary —, os romances que lemos se mesclam intimamente com a encenação de si.

> MAGDELON: Nunca falamos no belo estilo de Cathos nem de Magdelon? E você não me confessará que um desses nomes seria o bastante para criticar o romance mais belo do mundo?
> CATHOS: É verdade, meu primo, que um ouvido mais delicado sofre furiosamente ao ouvir essas palavras serem pronunciadas e o nome de Polixène, que minha prima escolheu, e o de Aminte, que eu me atribuí, têm uma graça com a qual seria necessário você estar de acordo (cena IV).

Então, não são Cathos e Magdelon que falam, mas os pseudônimos de heroínas de romances que elas se autoatribuíram: "Polixène" e "Aminte". Dessa maneira, elas se transformam em personagens simultaneamente literários e "reais", cuja impossível identidade é relativa a um lugar — o salão onde elas recebem seus convidados — que subverte até mesmo a oposição entre o espaço propriamente doméstico e seu exterior. Com efeito, o salão onde as preciosas recebem não se situa nem na casa familiar, nem fora dela.

A questão que surge, então, é saber como o arquienunciador se situa diante desse ethos precioso. A doxa pretende que Molière tenha ridicularizado sua falta de naturalidade, denunciando como "jargão" a fala preciosa e reatribuindo o espaço doméstico às mulheres, que se teriam erradamente desgarrado: as mulheres devem, antes de tudo, encontrar um bom marido, pertencente a seu mesmo meio social.

As coisas não são, sem dúvida, tão simples assim. Se admitirmos que a enunciação literária, assim como todo discurso constituinte, reflete as condições que a tornam possível, a enunciação de Molière implica uma relação menos unívoca com o feminino das preciosas. A enunciação teatral, por natureza, libera realmente forças que excedem a doxa que a peça parece defender: a comédia só aparentemente dá razão aos partidários do bom senso, em detrimento das preciosas "ridículas".

Por meio do personagem de Oronte no salão de Célimène, ou do personagem que representa Molière, Mascarille, empoado e coberto de fitas, no salão de Cathos e Magdelon, a comédia ridiculariza os homens cujo ethos se acomoda muito bem ao das preciosas. Mas o que acontece com esse homem que é o arquienunciador? Para ser plenamente dramaturgo, Molière não deve pactuar com o feminino que sua peça parece denunciar? Podemos indicar com facilidade zonas de sobreposição entre o dramaturgo e as preciosas.

— O autor das *Preciosas*, enquanto tal, deve, ele também, exceder o universo da casa, o do Pai, da árvore genealógica e do patrimônio. Como Cathos, que se rebatiza de Aminte, ele incorre na censura enunciada por Gorgibus: "Não entendo que vocês tenham outros nomes, além dos que lhes foram dados por seus padrinhos e madrinhas" (cena IV). Jean-Baptiste Poquelin assumiu o pseudônimo de "Molière" quando se tornou comediante. Cathos recusa seu prenome, Molière recusa o nome de seu pai, rico mercador para o qual o ofício de comediante não era uma atividade respeitável.
— Simultaneamente dramaturgo e ator, Molière deve assumir o fardo, o disfarce, a espetacularização de um corpo falante. Sua fala está destinada a agir fisicamente sobre os espectadores. Ela não é feita para transmitir pensamentos, mas para seduzir, levar o espectador ao transe. A peça, contém, por sinal, uma duplicação especular em uma cena na qual o personagem que representa Molière, Mascarille, de figurino extravagante e efeminado[4], lê um de seus poemas para Cathos e Magdelon, que quase se esvanecem de prazer, como idealmente deveria acontecer com os espectadores que veem essa cena.
— A fala teatral se desdobra num espaço que, a exemplo do salão, é indecidível, simultaneamente dentro e fora da sociedade: como o salão precioso, o teatro é, ao mesmo tempo, um lugar socialmente reconhecido e um lugar parasitário, que reflete o mundo circundante, onde se mostram signos sem referente.
— As preciosas estetizam a própria fala, transmutam seu valor: para além do simples "bem dizer" do bom uso, elas atribuem valor à linguagem, chamam a atenção para o significante. É isso, aliás, o que justifica o nome que lhes é dado ("preciosas") e é por isso que elas passaram à posteridade: não falavam como todo mundo. Mas o que é um escritor, senão alguém cujo objetivo é bem dizer, dar valor a seus enunciados?

[4] Uma contemporânea, Mademoiselle Desjardins, assim o descreve: "Sua peruca era tão grande que varria a sala toda vez que ele fazia uma reverência (...) Um brandão de galantes [= uma série de fitas ligadas entre si como uma tocha] lhe saía do bolso como de uma cornucópia da abundâcia e seus sapatos eram tão cobertos de fitas que não consigo lhes dizer se eram marrons, de vaca da Inglaterra ou de marroquim; pelo menos sei claramente que eles tinham meio pé de altura e que me afligia saber como saltos tão altos e tão delicados podiam carregar o corpo do marquês, suas fitas, suas luvas e o pó" (*apud* Forestier, 1990: 114). Cabelos longos, fitas, saltos altos, pó... o personagem exibe todas as características indumentárias que o aproximam das preciosas.

No entanto, não se pode ter a certeza de que o arquienunciador saia do espaço masculino. Para devolver as mulheres à razão, o homem comum — encarnado na peça por Gorgibus, Du Croisy e La Grange — separa o que seria o "bom" feminino, o do espaço doméstico, do que seria o "mau" feminino, o dos salões e dos romances, condenado às trevas exteriores. O próprio Molière dramaturgo capta em seu favor no "mau" feminino o que lhe permite produzir. Pactuar com o feminino, realmente não é se confundir com ele. Molière é um profissional do teatro, escreve para uma trupe que ele mesmo dirige. Não se conceberia haver nele confusão entre a fala "espontânea" e a fala encenada, entre a comunicação direta e a ritual, entre o real e a ficção: os comediantes deixam seus figurinos teatrais no camarim. Visto, então, que a fala das preciosas não constitui "literatura", ou seja, textos dissociáveis de uma apresentação, o dramaturgo intenta produzir uma fala de sedução que transcenda o presente da interação viva, a comunicação corpo a corpo, em proveito do corpo da obra, sua obra.

O ethos atribuído ao arquienunciador das *Preciosas ridículas* varia, a depender do ponto de vista que se adote. Pode-se construir a figura de um Molière defensor de uma norma linguística e social que controle a língua e o feminino. Pode-se também construir a figura de um criador masculino no qual a relação com o ethos das preciosas faça surgir uma instabilidade essencial quanto à *posição* do arquienunciador, uma impossibilidade de decidir se e em que medida seu ethos e o de seus personagens são exteriores um ao outro.

2

Ethos de narrador, ethos de personagem

Dar voz ao povo

No teatro, como vimos, a hierarquia dos ethos se faz acompanhar de uma assimetria essencial: o arquienunciador mostra obliquamente seu ethos, mas não fala. No caso de uma narrativa, ao contrário, o narrador fala. Podemos, então, confrontar o ethos representado, o do personagem citado, com o ethos representante, o do narrador, pelo menos quando os personagens se exprimem em discurso direto, caso no qual as duas enunciações estão perfeitamente separadas. Já o discurso indireto livre, em que a voz do narrador e a do personagem se misturam intimamente, também pode evidenciar o ethos de um personagem condensando e tornando salientes alguns de seus traços. Chega até a acontecer que o recurso ao discurso indireto livre seja indispensável para restituir o ethos dos personagens; é o caso do dispositivo narrativo do romance naturalista, tal qual concebido por seu representante principal, Émile Zola.

Vou tomar o exemplo da fala "popular", mais exatamente a dos operários parisienses, tal como representada em seu romance *O abatedouro* (1877), narração da progressiva decadência de uma família devastada pelo alcoolismo. Um romancista que reivindique um posicionamento naturalista se atribui como missão não apenas descrever os meios sociais, mas mostrar a maneira como falam os personagens que ali vivem e sua visão de mundo. Quando se trata dos operários parisienses, essa iniciativa se choca com algumas dificuldades: seu modo de falar não resulta do francês normativo, sendo, portanto, incompatível com a intenção estética da literatura. No prefácio ao romance, Zola responde a seus detratores: "Meu crime é ter tido a curiosidade literária de coletar e de fundir num molde muito bem trabalhado a língua do povo". Assim o romancista quer integrar as falas populares a sua narrativa, mas com uma "curiosidade literária": ele quer produzir uma obra de arte, não um documento bruto. A isso se soma uma dificuldade não mencionada por ele, mas que toda a sociolinguística conhece bem: é problemático delimitar o que seria "o" falar típico dos operários, cujos enunciados seriam representativos da "língua do povo". Se as sentenças dos operários são citadas em discurso direto, essa dificuldade se torna mais que evidente para todos.

O cuidado de representar a fala do "povo" (e não dos camponeses ou dos domésticos, como na comédia clássica) se inscreve no prolongamento do romantismo, que teve como um de seus gestos inaugurais exatamente coletar contos e canções "populares", expressão mais pura desse "povo", que é a fonte verdadeira da vida da língua.

> As condições de historicidade da linguagem mudaram; as mutações não vêm mais do alto (da elite acadêmica, do grupinho dos mercadores e dos viajantes, dos exércitos vitoriosos, da aristocracia de invasão), mas nascem obscuramente desde baixo, pois a linguagem não é um instrumento, nem um produto — um *ergon*, como diria Humboldt —, mas uma atividade incessante — uma *energéia*. Numa língua, aquele que fala e que não cessa de falar num murmúrio que não se ouve, porém de onde vem todo o esplendor, é o povo. Grimm achava que surpreenderia esse murmúrio ouvindo o *altdeutsche Meistergesang*, e Raynouard, transcrevendo as *Poesias originais dos trovadores* (Foucault, 1966: 303).

Para resolver as dificuldades com que se depara, o autor de *O abatedouro* vai preferir o discurso indireto livre ao discurso direto. O discurso indireto livre realmente permite dar a perceber (por meio do ritmo, do léxico, da sintaxe...) o ethos de um fiador operário, mas sem reproduzir fielmente enunciados que seriam autenticamente "populares". Temos aqui um ponto essencial, dado que o ethos é, mais que linguagem, uma maneira de ser. Ele se constitui como um articulador privilegiado para um romancista que deseje mostrar um modo de vida, certo mundo, e não apenas contar uma história.

Vejamos essa primeira passagem, que destaca o ethos discursivo de um dos personagens centrais do romance, um operário chamado Coupeau:

> Ele [= Coupeau] se levantava tarde, sacudia suas pulgas apenas por volta das oito horas; cuspia, zanzava pela lavanderia, não se decidia a partir para o canteiro de obras. O dia estava de novo perdido. *Pela manhã, lamentava por ter chancas de algodão, dizia ser muito besta por banquetear desse jeito, pois aquilo desfibrava o temperamento. Isso acontece porque a gente encontra um monte de bandarras que não querem largar de nosso pé; a gente acaba se avinhando a contragosto, se vê em toda espécie de baderna, e termina por receber o castigo, e duro. Isso não lhe aconteceria mais; não pretendia bater as botas em um taberneiro na flor da idade.* Mas, depois do almoço, ficava pimpão, soltando hum! hum! para provar a si mesmo que ainda cabia mais. Começava por negar a farra da véspera, um pouco aceso, talvez. Não se faziam mais como ele, sólido no posto, uma mão do diabo, bebia o que queria sem um piscar de olho (*L'Assommoir*. Paris: Charpentier, 1879, p. 191).

Destaquei em itálico os fragmentos que o leitor é levado a interpretar como decorrentes do discurso indireto livre. Essa passsagem evita o discurso direto, mas também o discurso indireto que, ao absorver a fala dos personagens populares nas do narrador, apagaria a sua alteridade linguística ou a reduziria a sua dimensão lexical, em detrimento da oralidade. O discurso indireto livre, por sua vez, permite ao leitor sentir o ethos popular: uma gesticulação locutória, um tom, um ritmo. Mesmo nos fragmentos da passagem que não estão vazados em discurso reportado, encontramos um léxico tido como característico de um personagem popular: por exemplo, na primeira frase, o uso de "sacudia suas pulgas", "zanzava", "o canteiro"... É todo um modo de falar e de postar o próprio corpo que é posto assim em cena.

Numa outra passagem, extraída de um episódio célebre do romance, a refeição que Gervaise e seu marido Coupeau oferecem[1], o procedimento é um pouco diferente, mas a intenção é a mesma.

---

[1] Essa passagem foi detidamente analisada em Maingueneau (2007).

> Entrementes, Clémence acabava seu sobrecu, sugando-o com um cacarejo nos lábios, contorcendo-se, torcendo-se de rir em sua cadeira, por causa de Boche, que lhe dizia indecências baixinho. Ah, nome de Deus! Sim, estamos deitando e rolando! E quando estamos, estamos, não é mesmo? E como nos permitimos um festim uma vez na vida e outra na morte, seríamos uns grandes trouxas de não nos entupirmos até as orelhas. Sério, a gente via as panças se encherem cada vez mais. As senhoras estavam enormes. Peidavam pela pele, os santos glutões! A boca aberta, o queixo emporcalhado de gordura, tinham umas caras que pareciam bundas, e tão vermelhas que se diria bundas de gente rica, explodindo de prosperidade (*L'Assommoir*. Paris: Charpentier, 1879, p. 276).

Aqui também, o ethos popular é trazido a primeiro plano. Mesmo que a narrativa siga nas mãos do narrador, cujos enunciados no passado simples/imperfeito e vazados na não pessoa constituem a base do relato, vemos diluir-se a fronteira entre o ponto de vista do narrador e o ponto de vista do personagem. Aqui, porém, não é o discurso indireto livre que domina. A responsabilidade da passagem que começa por "Ah, nome de Deus!", por exemplo, não pode ser atribuída ao narrador, pois nela se encontram um palavrão, exclamações, uma interrogação, um "sim", um "sério", um qualificador em inciso ("os santos glutões"). Também não se trata de discurso direto, dado que o passado simples persiste, associado a formas de pano de fundo no imperfeito. Esse tipo de enunciação implica uma atitude que os etnólogos caracterizariam como uma espécie de "observação participante", atribuível a um enunciador que poderia ser qualquer um dos convivas, que partilharia seus valores e sua maneira de falar. O "se" reflexivo, em sua polivalência, permite jogar nos dois planos ao mesmo tempo: ele pode ser interpretado como uma espécie de "nós" familiar referente ao conjunto dos convidados, à comunidade, mas também permite inscrever uma instância narrativa que se situaria na fronteira entre personagens e narrador. É uma solução de compromisso entre *Eles deitaram e rolaram*! (plano não embreado do narrador com contaminação lexical) e *Estamos deitando e rolando!*.

Assim, ao trazer a primeiro plano o ethos popular, o romancista naturalista legitima um dispositivo de enunciação no qual ele se apresenta como mediador entre um meio social e leitores-modelo estranhos a esse meio. Evidentemente, em múltiplos momentos, o ethos popular se torna visível, mas a narração permanece constantemente mantida sob as rédeas do narrador distanciado: os enunciados em passado simples/imperfeito e a não pessoa constituem a linha fixa, a baliza à qual se retorna regularmente. Essa enunciação distanciada é preenchida por valores associados ao ethos do homem de ciência, modelo reivindicado pelo naturalismo. O romancista exibe o ethos do povo, mas situando-o em um quadro imparcial, neutro, aquele que sustenta o conjunto dos romances do autor. É nesse pano de fundo que podem se desdobrar de maneira evidente ethos bem característicos, como o dos operários. Esse ethos científico e, por sinal, encarnado no ciclo romanesco de Zola por um personagem erudito, o doutor Pascal, que, no último volume do ciclo (*O doutor Pascal*, 1893), levanta metodicamente a genealogia das taras de sua família, taras que permitiram ao romancista elaborar histórias, atravessar os mais diversos meios sociais.

Desse modo, o romancista naturalista se atribui o poder de dar acesso ao conjunto do corpo social. Ao mesmo tempo, interior e exterior a cada um dos mundos que evoca, seu relato mescla, por meio de procedimentos distintos, sua voz de narrador à dos personagens. Em *O abatedouro*, ele estabelece soluções de compromisso variadas com as falas de personagens populares, privilegiando os escalões intermediários entre a narração distanciada e a fala operária bruta em discurso direto. Tais soluções de compromisso apoiam-se sobre o mesmo ethos, uma espécie de base contínua carregada pelo conjunto do texto com zonas de intensidade variáveis: o ethos popular não vem à tona o tempo todo. Não por acaso os dois extratos que citamos tratam de "festim", isto é, de refeições entre amigos em que se come abundantemente. Na primeira passagem, Coupeau se queixa de ter comido e bebido demais; na segunda, ele é o organizador e o animador de um banquete, elemento central da obra[2], que reúne os principais personagens da história para um momento de fusão: a partilha de um mesmo modo de ser no mundo. Nessa festa do corpo, há convergência entre o ethos discursivo e um processo de "incorporação", dessa vez em sentido literal: os convivas comem e bebem, seus comentários exaltam o alimento em si e, com isso, eles fazem corpo, se tornam um.

---

[2] Originalmente, Zola previra um plano em 21 capítulos, mas, por fim, optou por um plano de 13 capítulos, conferindo ao capítulo 7, justamente aquele de onde foi tirado nosso extrato, o papel de eixo de articulação da obra.

Uma relação estreita é, desse modo, estabelecida entre uma oralidade tida como popular e uma maneira de impostar o corpo, entre "estilo articulatório" e estilo de vida. O sociólogo Pierre Bourdieu opõe a relação popular e a relação burguesa com a linguagem à

> oposição entre a *boca*, feminina, buscada, refinada, e a *goela*, tipicamente masculina, enquanto resumo do corpo masculino inteiro (*bonne gueule* = boa cara, *sale gueule* = má cara); ele ainda evoca "disposições viris tais quais concebidas pela representação popular, disposição para a violência verbal (*fort en guele* = ser insolente; *coup de gueule* = gritar; *grande gueule* = idem; *engueuler* = brigar) ou à violência física (*casser la gueule* = quebrar a cara; *mon poing sur la gueule* = mandar a mão na cara), a associação entre a festa, o alimento em abundância (*s'en mettre plein la gueule* = encher a cara) e o riso franco (*se fendre la gueule* = rachar de rir) (1977: 32-33).

Essa ligação entre o *habitus* popular e o alimento, que seria uma característica das classes populares (Bourdieu, 1979), Zola a teatraliza muito expressivamente pondo em destaque um ethos popular num romance concentrado na boca: aquela que incorpora o álcool, aquela que fala.

Uma passagem de Jane Austen

No tipo de narrativa romanesca que acabo de evocar, é o ethos do personagem que se encontra em primeiro plano. Vou agora analisar um caso completamente diferente de encaixamento de ethos: uma passagem de *Ema*, romance da célebre escritora inglesa Jane Austen, publicado meio século antes (1815), no qual, ao contrário, é o ethos do narrador que assume a boca de cena. Diferentemente de *O abatedouro*, esse texto evoca personagens que, de um ponto de vista sociolinguístico, não são vistos como distintos da narradora e dos leitores-modelo do romance. Além disso, na passagem objeto de nossa atenção aqui, J. Austen não recorre ao discurso indireto livre, ou mais amplamente a formas híbridas da fala representada, mas a um procedimento muito mais raro, que consiste em fragmentar as falas do personagem e em ligar esses fragmentos por travessões.

Para bem entender o texto, é preciso evocar alguns elementos do enredo. Em uma aldeia inglesa do início do século XIX, membros de diversas famílias da "nobreza rural" — que congrega algumas famílias de eclesiásticos e de proprietários rurais — passam o dia na propriedade de um deles, o rico Mr. Knightley. Entre os convidados, se encontra a jovem e autoritária mulher do pastor, a senhora Elton. Um dos momentos mais importantes da jornada é a colheita de morangos no pomar.

> O grupo inteiro estava reunido, à exceção de Frank Churchill, esperado a qualquer momento vindo de Richmond; e a senhora Elton, em todo o seu aparato de felicidade, sua grande touca e sua cestinha, estava totalmente disposta a liderar a acolhida, a recepção e as conversas. Agora, só se falava e pensava em morangos, nada mais que morangos. "*— A melhor fruta da Inglaterra — a favorita de todos — sempre saudável. — Estas as melhores espécies e os melhores canteiros. — Delicioso a gente mesma colhê-los — a única maneira de realmente apreciá-los. — A manhã decididamente a melhor hora — nunca cansada — todas as espécies são boas — silvestres infinitamente superiores — não há comparação — os outros dificilmente comíveis — os silvestres são mais raros — há quem prefira outros — os brancos seriam os de mais fino sabor — preço dos morangos em Londres — a abundância deles em Bristol — Maple Grove — cultivo — canteiros para transplante — cultivadores achando exatamente o contrário — sem regra geral — os cultivadores nunca deviam mudar seus métodos — frutos deliciosos — nutritivos demais para se comer muito — inferiores às cerejas — as groselhas mais refrescantes — única objeção a colher morangos a obrigação de abaixar — sol ofuscante — mortos de cansados — não aguento mais — preciso me sentar à sombra*".
> Tal foi a conversa, mantida por mais de meia hora — interrompida apenas uma vez pela senhora Weston, que veio até o jardim, em sua solicitude pelo enteado, para saber se ele já tinha chegado — e estava um tanto inquieta. — Ela tinha certo receio do cavalo dele (*Emma*, Penguin Classics, 1966: 353-354; itálicos meus)[3].

Para reportar as afirmações da senhora Elton, a narradora transgride abertamente as regras da boa formação sintática: algumas frases estão incompletas, escritas em uma espécie de estilo telegráfico. Por conta disso, a completude passa a depender de um nível superior, o do conjunto da passagem, globalmente enquadrado entre aspas. Cabe ao leitor fazer hipóteses para completar o que falta. Por exemplo, a sequência "única objeção a colher morangos a obrigação de abaixar" será transformada em algo como

(minha) única objeção a colher morangos (é) a obrigação de abaixar

[3] O leitor de hoje fica totalmente surpreso com essa pontuação que multiplica os travessões, mas se trata exatamente da pontuação da edição original (tomo III, p. 94).

Ao filtrar desse modo as sentenças da personagem, a narradora restitui o essencial de seu conteúdo, podendo assim destacar o ethos a elas associado.

Notamos certa homogeneidade na distribuição das marcas de subjetividade enunciativa, e isso contribui para homogeneizar o ethos para além da descontinuidade dos fragmentos:

> "— A *melhor* fruta da Inglaterra — a **favorita** de todos — sempre saudável. — ESTAS as *melhores* espécies e os *melhores* canteiros. — **Delicioso** a gente mesma colhê-los — a *única* maneira de realmente apreciá-los. — A manhã decididamente a *melhor* hora — nunca cansada — todas as espécies são boas — silvestres infinitamente *superiores* — não há comparação — os outros dificilmente comíveis — os silvestres são mais raros — há quem **prefira** outros — os brancos seriam os de *mais fino* sabor — preço dos morangos em Londres — a **abundância** deles em Bristol — Maple Grove — cultivo — canteiros para transplante — cultivadores achando exatamente o contrário — sem regra geral — os cultivadores nunca deviam mudar seus métodos — frutos **deliciosos** — nutritivos demais para se comer muito — *inferiores* às cerejas — as groselhas *mais refrescantes* — *única* objeção a colher morangos a obrigação de abaixar — sol ofuscante — mortos de cansados — não aguento mais — preciso me sentar à sombra".

Itálico: comparativos e superlativos
Sublinhado: Outros marcadores de grau (todos os tipos misturados)
Negrito: **Adjetivos/substantivos que indiquem uma avaliação positiva.**

A representação da fala feita nessa passagem decorre de uma forma de modalização autonímica (Authier-Revuz, 1995), em que os fragmentos são simultaneamente utilizados e mostrados, opacificados por seu destacamento do fluxo da fala; eles são transformados em uma série de clichês. Há quem interprete o caráter descontínuo desse fragmento em termos realistas, como índice do ethos discursivo da locutora, a senhora Elton, que, por sua emissão rápida, entontece seus ouvintes: "Seus monólogos desconjuntados, expressos em meias-frases, sem pausa para respirar" (Byrne, 2004: 135). Essa explicação é compatível com outras; por exemplo, a de Peter W. Graham (2007: 36): "Esse método de narração… implica que ela enriqueceu sua perícia horticultural para a ocasião, sugere que as palavras exatas são tão insinceras ou tão maçantes que não precisamos citá-las na íntegra". Contudo, há consenso em considerar que, ao recorrer a esse procedimento, a narradora, ao mesmo tempo, mostra o ethos do personagem e o avalia negativamente.

De todo modo, a primeira coisa é nos perguntar qual técnica de discurso representado está em jogo aqui. A tese mais comumente aceita é que se trata de discurso indireto livre (Todd, 2006: 30, Graham, 2007: 36). Mas também se pode afirmar que esse tipo de discurso reportado não corresponde às categorias clássicas. Como o nota justamente P. W. Graham, "a cantilena da senhora Elton sobre os morangos não é feito total e literalmente, mas seletiva e *topicamente*" [itálico nosso]; a crítica compara esses "tópicos" a aberturas de capítulos num manual de jardinagem e se recusa a ver neles palavras apreendidas em seu fluxo. A narradora teria extraído fragmentos e os justaposto, apontando, de algum modo, para seu trabalho de extração e de recomposição. Ela interporia ostensivamente sua atividade de narradora entre o leitor e a personagem, cujos ethos e palavras se fariam entender confusamente por meio da fragmentação sintática.

Nesse sentido, a comparação com o dispositivo do romance naturalista é esclarecedora. Em Zola, os personagens, tanto por seus costumes quanto por sua maneira de falar, são tidos como pertencentes a um mundo alheio ao do narrador e dos leitores, e a enfatização de seu ethos mobiliza de maneira privilegiada o discurso indireto livre, que integra os fragmentos citados em uma narração contínua. Por outro lado, no caso da autora de *Emma*, a fronteira essencial não está mais entre dois mundos — aquele que narrador e leitor deveriam partilhar e o mundo evocado no relato —, mas entre diversas atitudes no interior de um mesmo mundo. Como o leitor modelo parece partilhar os conhecimentos enciclopédicos e os valores da narradora, a intenção "documental" do romance passa a segundo plano, em favor de uma conivência: o leitor é convidado a apreciar os deslocamentos entre planos enunciativos que o narrador administra para ele. O narrador faz o leitor compartilhar de seu ethos tingido de ironia.

Essa conivência possibilita a fragmentação sintática característica dessa passagem: o leitor tem a seu cargo completar, a partir de alguns fragmentos, a integralidade das frases e, além disso, o conjunto do monólogo que deve durar uma meia hora porque, de algum modo, a senhora Elton fala para nada dizer. Ela é reforçada pelo fato de que o paratexto indica que o narrador é uma narradora. Em princípio, o autor é certamente anônimo, mas a capa do livro indica tratar-se do mesmo autor de *Razão e sensibilidade*, que, apesar de ser também anônimo, é apresentado como escrito "por uma senhora". Tudo se passa no interior de um universo partilhado: uma autora que é uma "senhora" avalia negativamente o ethos de um personagem de "senhora" para um público que, nessa época, é constituído sobretudo de "senhoras".

Contudo, a atitude da narradora de *Emma* não é a mesma de um Flaubert, que não cessa de demonstrar a "estupidez" — para retomar um termo que lhe é caro (Louette, 2007) — das falas de alguns de seus personagens. Também não é o de um escritor do século XX que ressaltaria "o absurdo" das palavras que trocamos. A narradora faz parte de um mundo normalizado cujos valores ela compartilha com seu leitor; seus deslocamentos enunciativos são interpretados em termos éticos. O ethos da senhora Elton é apresentado como o de uma emergente mal educada, arrogante, vinda de uma família de ricos comerciantes; ela monopoliza a conversa para dizer coisas desinteressantes. Esse ethos é implicitamente contrastado com o ethos, positivo, encarnado por John Knightley, o proprietário dos morangos que ela está colhendo.

> O senhor Knightley é o inglês atemporal, autêntico, modesto, sem afetação, pouco falante (a loquacidade não é uma virtude masculina na Inglaterra), justo, inteligente, mas nada intelectual, do tipo mais amoroso que amante e *dono de terras* (Blythe, 1966: 16).

O enredo de *Emma* não é apenas uma história de casamento, é também um relato de iniciação no qual Emma, uma jovem autoritária e que fala a torto e a direito, pouco a pouco aprende a se distanciar de uma fala feminina descontrolada, apresentada pela senhora Elton em uma versão caricatural. Seu casamento com John Knightley marca o acesso a uma fala enfim ponderada. A narradora não explicita qual seria, segundo ela, o "bom" ethos conversacional, mas mostra desvios em relação a uma norma que, em última instância, está encarnada no ethos de sua própria narração.

3

Encenações do antiethos

Ethos representado e indivíduo exemplar

Os dois capítulos anteriores nos apresentaram casos de encaixamento de ethos, no teatro ou no romance, que iam *pari et passu* com uma relação de superioridade entre o arquienunciador, ou o narrador, e seus personagens. Eu me interessei pelos recursos linguísticos mobilizados pelo enunciador dominante, mas também poderia ter insistido no fato de que esses personagens, apesar de possuírem um nome próprio, na realidade, são apresentados como típicos de uma categoria: o atrabiliário, a preciosa, o operário parisiense, a emergente. Vou, então, agora me concentrar nesse outro aspecto de encaixamento do ethos. O simples fato de opor a singularidade do enunciador e da enunciação representantes à tipicidade do enunciador e da enunciação representados institui uma superioridade: fazer de um locutor um membro qualquer de uma coletividade tem por natureza valor de desqualificação. Isso só é possível se houver uma enunciação representada: um pesquisador que redige um artigo científico, por exemplo, o faz esforçando-se para se conformar ao ethos esperado na disciplina e no gênero de discurso em questão, mas sua enunciação só se tornará típica de uma coletividade se for apresentada como tal por um segundo locutor, situado em um nível enunciativo mais elevado.

Vamos analisar diversos exemplos em que o personagem não apenas é tipificado, mas também encarna para o enunciador representante um antiethos cujas modalidades variam com o tipo e o gênero de discurso envolvidos.

O bom Padre

Nosso primeiro exemplo é tomado de empréstimo a um texto célebre de Blaise Pascal, as "Cartas escritas por Louis de Montalte a um provincial por um de seus amigos e aos reverendos padres jesuítas sobre a moral e a política desses padres" (1656-1657), mais conhecido pelo título abreviado: "As provinciais". Esse livro, na realidade, é uma coletânea que reagrupa em ordem cronológica uma série de libelos destinados a defender a causa dos jansenistas, a demonstrar que eles não merecem ser condenados pela Igreja por causa de sua doutrina sobre a Graça, mas que são antes seus adversários, particularmente os jesuítas, que não estão alinhados com a doutrina católica. O autor recorre a uma cenografia epistolar, na qual se dirige a um amigo fictício, um "provincial", para atualizá-lo sobre os debates religiosos parisienses. As cartas provinciais 5 a 10 atacam os jesuítas, acusados de darem prova de laxismo diante dos pecadores, para aumentar seu próprio poder na sociedade. Essas cartas relatam entrevistas com um jesuíta fictício de ethos amável, até mesmo relapso, chamado de "o bom Padre", que expõe metodicamente os princípios dessa casuística laxista citando longos trechos de tratados escritos em latim para uso dos confessores[1].

Nessa encenação, o ethos desempenha um papel essencial, visto que o personagem do bom Padre deve *encarnar* o laxismo em termos de moral. Seu ethos complacente, amável, não é, portanto, um traço contingente de caráter; ele é apresentado como característico da Companhia de Jesus, que o autor constitui como um "corpo" homogêneo, um actante coletivo:

[1] A casuística é um tipo de argumentação utilizada em teologia moral, na intenção de resolver os problemas encontrados pelos confessores mediante uma negociação entre regras gerais, ou casos similares, e as particularidades do caso estudado. Essas discussões e suas conclusões eram reunidas em tratados para uso dos confessores..

> Há muita diferença entre os Jesuítas e aqueles que os combatem. *Vocês formam verdadeiramente um corpo unido sob um só chefe*; e suas regras, como já o demonstrei, os impedem de publicar qualquer coisa sem a autorização de seus superiores, que se tornam responsáveis pelos erros de todos os indivíduos particulares, sem que eles possam se escusar dizendo não terem percebido os erros ali ensinados, porque devem observar suas ordenanças e segundo as cartas de seus Padres Gerais Acquaviva, Vittelleschi etc. *É, pois, com razão que se lhes censuram os desvios de seus confrades, que se encontram em suas obras aprovadas por seus superiores e pelos teólogos de sua Companhia* (Décima sétima carta; *Les Provinciales*. Paris: Bordas, 1992, p. 332-333; itálicos meus).

A mansidão complacente manifestada pelo bom Padre quando fala com o autor das cartas é também, portanto, a mesma de toda a Companhia de Jesus no trato com os pecadores.

Um ethos desses assume todo o seu sentido quando o relacionamos com o posicionamento jansenista, que constrói a própria identidade opondo-se violentamente ao posicionamento que lhe serve de contraponto: o humanismo devoto (Brémond, 1916), cujo termo-chave é exatamente a "mansidão" (Maingueneau, 1982, 1983). Na 9ª carta ao provincial, vemos, por sinal, a discussão sobre a casuística se transferir para uma denúncia do humanismo devoto, por meio da crítica a uma obra de um de seus autores emblemáticos, o jesuíta P. Le Moyne, que pretende promover uma devoção "branda".

> E porque as pessoas mundanas geralmente são afastadas da devoção pela estranha ideia que dela lhes foi dada, acreditamos ser de extrema importância destruir esse primeiro obstáculo; e foi assim que o Padre Le Moyne alcançou grande reputação pelo livro da Devoção mitigada que escreveu para esse fim. [...] *sempre se viram santos polidos e devotos civilizados*, segundo esse Padre, página 191; e vocês verão, à página 86, que a diferença de seus costumes provém de seus humores. Escutem. *Não nego que não se vejam devotos pálidos e melancólicos em sua compleição, que amam o silêncio e o retiro e que têm apenas fleuma nas veias e terra no rosto. Não obstante, veem-se também outros que são de uma compleição mais feliz e que têm abundância do humor brando e cálido e do sangue benigno e retificado causado pela alegria* (*op. cit.*, p. 158).

Na realidade, Le Moyne parafraseia aqui uma passagem da *Introdução à vida devota*, obra-prima do autor mais importante da corrente humanista devota, são Francisco de Sales. Em seu livro, ele pinta um retrato moral e físico do bom cristão, derivado de um ethos "brando, feliz e amigável", contrário a um ethos "enfadonho, triste e pesaroso".

> O mundo, minha cara Filoteia, difama tanto quanto pode a santa devoção, pintando as pessoas devotas com um rosto enfadonho, triste e pesaroso e espalhando que a devoção provoca humores melancólicos e insuportáveis. Contudo, como Josué e Caleb garantiam que a terra prometida não apenas era boa e bela, assim como sua posse seria doce e agradável, do mesmo modo o Espírito Santo, pela boca de todos os santos, e o próprio Nosso Senhor, pela sua mesma, nos asseguram que a vida devota é uma vida mansa, feliz e amigável (Francisco de Sales, *Introduction à la vie dévote*, capítulo II. Paris: Poussielgue, 1909, p. 5).

Como Francisco de Sales, Le Moyne defende sua concepção da vida cristã encarnando-a em um corpo devoto, associado a um ethos brando, autentificado por outra manifestação desse ethos discursivo manso, por ele demonstrado em seu livro. É esse mesmo ethos manso que o jesuíta mostra para comentar o livro do Padre Le Moyne. O problema é que esse bom Padre é, de fato, um personagem das *Provinciais*, cuja "mansidão" é negativamente avaliada como a encarnação de um comportamento contrário ao espírito do cristianismo.

Não podemos, então, nos contentar em evocar motivos de tipo retórico para explicar o ethos brando exibido pelo bom Padre enquanto dialoga com o amigo do provincial. Ao inventar esse personagem do bom Padre, Pascal certamente visa, sem a menor dúvida, difundir os argumentos dos jansenistas para um público mundano que não lê obras muito técnicas e encontra nesses diálogos que se aproximam de cenas de comédia formatos enunciativos que lhes sejam familiares. Contudo, o procedimento vai bastante além disso: o ethos encarna a fala e a relaciona a um modo de ser cristão. O ethos brando do bom Padre contribui para desqualificar a doutrina atribuída às obras de casuística, das quais longos extratos são citados nas *Provinciais*. Com efeito, o bom Padre tem por função selecionar, traduzir, ler em voz alta e comentar passagens dessas obras austeras e volumosas escritas em latim. Nos debates subsequentes à publicação das *Provinciais*, os adversários dos jansenistas contestaram constantemente a exatidão das citações dos casuístas. Os jansenistas, porém, não tiveram grande dificuldade em provar que suas citações eram exatas. O problema todo é saber o que é uma citação "exata": para além das palavras, o ethos do bom Padre transforma a significação dos textos citados. As citações dos casuístas se banham em um ethos de brandura complacente que lhes confere uma coloração laxista. Elas se impregnam de valores negativos pelo simples contraste entre seu conteúdo, contrário à doutrina católica, e o ethos discursivo amável que as embasa[2]. Vemos isso, por exemplo, na passagem a seguir, que trata daquilo que a Igreja considera como um pecado mortal, a simonia[3].

> Comecemos, diz o Padre, pelos beneficiários. Você sabe como hoje se traficam benefícios e que, se devêssemos seguir o que escreveram santo Tomás e os antigos, haveria muitos simoníacos na Igreja. Por isso, foi tão necessário nossos Padres temperarem as coisas com sua prudência, como lhe ensinarão estas palavras de Valentia, um dos quatro animais de Escobar. É a conclusão de um longo discurso, no qual ele apresenta vários expedientes. Eis o que me parece o melhor deles: ele está na p. 2039 do tomo III. *Se dermos um bem temporal por um bem espiritual, ou seja, dinheiro por um benefício, se dermos o dinheiro como o preço do benefício, trata-se de simonia evidente. Mas se o dermos como o motivo que leva a vontade do coletor a conferi-lo, não se trata de simonia, ainda que o que o confere considere e espere receber dinheiro como o fim principal.* Tannerus, também de nossa Sociedade, diz o mesmo em seu tomo III, p. 1519, embora confesse que santo Tomás é contrário a isso, pois ensina absolutamente que será sempre simonia dar um bem espiritual por um temporal, se o temporal for seu fim. Por esse meio, impedimos um sem-número de simonias. Pois quem seria tão mau a ponto de se recusar, ao dar dinheiro por um benefício, a fazer de sua intenção ao dá-lo um *motivo* que leva o beneficiário a abrir mão dele, em vez de dá-lo como *o preço do benefício?* (104-105).

O bom Padre começa por lembrar a doutrina da Igreja: "Você sabe como...". Em seguida, tira daí uma conclusão inesperada, que, nesse cotexto, parece escandalosa: "Por isso, foi tão necessário nossos Padres temperarem as coisas com sua prudência". A vontade de "temperar as coisas" é enunciada mediante um ethos também temperado, que se demonstra como o mesmo espírito que anima o conjunto dos jesuítas, o bom Padre e os autores de livros de casuística. A tradução vernácula das citações latinas vai na mesma direção: ela é feita de modo a permitir

---

[2] Sobre essa questão, ver Maingueneau (1983).

[3] Para os católicos, a simonia ocorre quando bens espirituais são comprados ou vendidos, especialmente um sacramento ou um cargo eclesiástico.

ao leitor perceber uma unidade de tom entre o comentador e os autores comentados. O próprio fato de os tratados de casuística serem unificados por meio do ethos de um corpo falante dá ao leitor o sentimento de ligação com uma doutrina assumida por pessoas de carne e osso, com uma maneira de viver e não apenas com ideias.

Integradas dessa forma à fala de um locutor de ethos complacente, as discussões muito técnicas dos casuístas deixam de ser textos de argumentação jurídica escritos em latim, inseridos em obras destinadas aos confessores, e passam a ser a expressão do ponto de vista de uma consciência viva que, numa conversa, defende seu ponto de vista com um ethos tido como característico de seu grupo. O ethos do bom Padre anula assim a heteronomia profunda entre duas práticas discursivas: tratados de casuística, escritos por especialistas e destinados a especialistas, e uma conversa entre pessoas de bem, narrada em um gênero que visa a um público ignorante em teologia moral.

Vemos, então, que o ethos atua aqui em três planos simultâneos:

(1) ele tem uma eficácia retórica ao facilitar a difusão do texto apresentando um "caráter", um verdadeiro personagem de comédia;
(2) ele encarna um antiethos ao posicionamento jansenista;
(3) ele legitima o tratamento dado aos livros de casuística convertendo as argumentações dos casos discutidos nessas obras em convicções pessoais assumidas por um locutor prototípico de um grupo unificado.

Se agora nós nos dirigimos ao nível superior, o nível do ethos do narrador das *Provinciais*, surge uma dificuldade. Enquanto narrador, ele deve adotar um ethos mundano para agradar a seus destinatários, mas também deve mostrar, de múltiplos modos, ser um bom católico, chocado diante do laxismo dos jesuítas. Enquanto interlocutor do bom Padre, ele não tinha como se apresentar abertamente como jansenista. Adota, então, o ethos de um homem do mundo que domina as normas da conversação polida entre pessoas de bem e demonstra curiosidade pela casuística. Quando narra, porém, seus intercâmbios com o bom Padre, também deve demonstrar a seus leitores um ethos de bom católico, chocado com o que ouve. Daí vem o recurso frequente à ironia; o bom Padre percebe apenas o sentido imediato e o público percebe o sentido implícito, que contesta a doutrina laxista. Tem-se aqui uma instabilidade de ethos impossível de ser mantida por muito tempo. Os adversários das *Provinciais* não deixaram de notar uma contradição entre seu ethos zombador e a piedade que ele pretende defender:

> Que se reflita sobre o modo de esse autor escrever. Em matéria de teologia, de moral, de casos de consciência e de salvação, ele se serve sempre de um estilo escarnecedor e bufão, indigno, não digo nem de um teólogo ou eclesiástico, mas até mesmo de um cristão (*Première réponse aux lettres que les jansénistes publient contre les jésuites*; anônimo; *apud* L. Cognet, *Les Provinciales*. Paris: Bordas, 1992, p. 193).

Pascal registra:

> Um dos principais pontos de sua defesa é eu não ter falado seriamente o bastante de suas máximas: é isso o que o senhor repete em todos os seus escritos, chegando até a dizer *que eu transformei as coisas sagradas em derrisão* (p. 193).

Insisto: é o ethos que está no centro do debate. Não é de admirar que, a partir da 11ª carta, ele renuncie a essas entrevistas fictícias com o bom Padre para se dirigir diretamente aos jesuítas com um ethos tendente à ira sagrada e ao profetismo.

O sociólogo e os acadêmicos

Evocamos um exemplo de polêmica religiosa do século XVII na qual o antiethos de um locutor tipificado permite, ao mesmo tempo, encarnar o adversário e unificar um conjunto de indivíduos e de textos. Encontramos fenômenos da mesma ordem em outras épocas, em outros tipos de discurso e até fora de textos abertamente polêmicos. Vários sociólogos, por exemplo, ilustram as categorias de atores sociais que eles constroem mencionando enunciados que apresentam como típicos dessa ou daquela categoria. Pode se tratar de enunciados fabricados pelos próprios pesquisadores buscando sintetizar um ponto de vista. Nesse caso, em geral se trata de frases. Também pode se tratar de enunciados autênticos, cuidadosamente recortados em textos coletados junto a membros do grupo em questão. Desse modo, não adianta atribuir o enunciado a um indivíduo dotado de um nome próprio (por vezes, de pseudônimo, por razões deontológicas), ele não é apresentado como representativo desse indivíduo específico, mas do grupo ao qual ele pertence. Esse procedimento assume contorno particular quando o grupo de indivíduos envolvidos surge como contraponto ao enunciador, como encarnando valores contra os quais sua enunciação se define.

É o caso da obra de Pierre Bourdieu, *Homo academicus* (1984), uma análise do mundo universitário, quer dizer, do mundo ao qual o autor pertence e onde ele se posiciona como um contestador perpétuo, por pretender desvelar as ilusões egoístas pelas quais, segundo ele, seus colegas são tomados. Um de seus alvos mais constantes, ao longo de toda a sua obra, são os professores das faculdades de Letras, acusados de serem os guardiães de uma "cultura legítima" que desqualifica as ciências sociais, às quais se filia Bourdieu. Em *Homo academicus*, ele delimita então uma classe de acadêmicos descrita como aqueles "comprometidos com a ordem estabelecida e com sua reprodução, portanto, com o futuro 'normal' dessa economia na qual investiram tudo, e desde sempre" (1984: 237). A esse grupo ele opõe outro, o dos contestadores, cujas estratégias questionam os defensores do sistema tradicional:

> Tais como os velhos camponeses cabilas falando dos modos heréticos de cultivar dos jovens, eles só podem expressar sua estupefação, sua incredulidade diante do *inacreditável*, do mundo ao revés, desmentido de sua crença mais íntima, de tudo o que lhes é mais caro (p. 238).

Bourdieu, então, cita frases duma conhecida helenista, Jacqueline de Romilly, professora na Sorbonne, que ele apresenta como prototípicas do grupo daqueles que defendem "a ordem estabelecida":

> Por outro lado, como dizê-lo? É verdade? Não se trata de mentira ou calúnia? Me dizem que professores teriam, nessa última semana, não apenas se recusado a aplicar os exames — algo em si defensável —, mas a boicotá-los, anotando-os deliberadamente de modo incorreto. Me disseram isso, mas não posso acreditar. Professores que fizessem algo assim não seriam mais professores. Acabariam, sem dúvida alguma, nos desacreditando. E, sobretudo, arruinariam os valores sobre os quais se ergue nossa vida profissional, cujo princípio exige que falta alguma se cometa (p. 238).

Tais falas, apesar de enunciadas por uma pessoa claramente identificada, dotada de um nome próprio, são apresentadas como encarnação da atitude de uma categoria social definida pelo pesquisador autor do livro. Elas são, por sinal, seguidas, no mesmo parágrafo, por citações, também em discurso direto, de dois outros acadêmicos, F. Robert e Raymond Aron, reconhecidos como prototípicos do mesmo grupo. A decisão de citar acadêmicos conhecidos nada tem de casual: a desqualificação de seu ponto de vista é reforçada pelo contraste entre a notoriedade que os destaca da multidão e a tipificação de suas afirmativas, que os transforma em membros como quaisquer outros, banais, de uma categoria que o enunciador apresenta sob um ângulo desvantajoso. A comparação irônica com os velhos camponeses cabilas tem até o efeito de fazer emergir uma invariante de ordem antropológica, para além das especificidades da universidade francesa dos anos 1960-1970. Ao lançar o mesmo olhar tanto sobre os "letrados" quanto sobre os camponeses norte-africanos, o sociólogo arruína, ao mesmo tempo, sua pretensão de pertencer a um mundo imune às contingências sociais e legitima o olhar sociológico sobre eles lançado.

Como no caso das *Provinciais* de Pascal, somos levados a perguntar por que o autor dá a palavra a um locutor tipificado. Pascal poderia ter se contentado com criticar diretamente os tratados de casuística, assim como o sociólogo teria podido se contentar em resumir as ideias dos diversos grupos que define. Se ele cita assim, em discurso direto, as afirmativas do locutor que tipificou é, sem dúvida, porque lhe parecia importante tornar sensível o ethos que lhes está associado. Para Bourdieu, realmente, não se trata de um ethos qualquer, mas de um antiethos: o dos membros das faculdades de Letras, cujo "*habitus*", conceito-chave de seu pensamento, foi analisado o tempo todo por sua sociologia. Ele não se limita a criticar suas ideias, antes se esforça para mostrar como elas são indissociáveis de modos de ser, encarnados nos modos de falar. Citar asseverações em discurso direto é, mediante uma fala, permitir ao leitor sentir esse *habitus*.

De forma mais ampla, é o conjunto da enunciação do sociólogo que, esvaziado por um distanciamento simultaneamente desqualificatório e erudito, reduz sentimentos ou pensamentos que se pretendem pessoais à banalidade dos lugares-comuns. Pouco mais adiante no livro, J. de Romilly sofre as consequências dessa paráfrase de suas afirmativas, ridicularizadas pelo cotexto:

> O ensino é evocado em uma linguagem quase religiosa: *a hora do curso é um instante de graça, um momento de comunhão intensa com os alunos*; e a exposição se conclui com uma profissão de fé e de amor: "Estou com aqueles que amam seu ofício" (p. 9). "Eu tinha orgulho de meu ofício e sigo tendo" (p. 8) (p. 238-239).

Destaquei em itálico um fragmento que podemos interpretar como derivado do discurso indireto livre. Tanto quanto nos romances de Flaubert, que Bourdieu tanto admirou e estudou (Bourdieu, 1998), essa mistura da voz do autor com a do locutor citado permite salientar algumas características do ethos representado deixando entrever o ethos irônico de um enunciador que mostra sua superioridade, que toma distância das ilusões do comum dos mortais. Ao denunciar as "ridículas", a enunciação de Bourdieu se legitima por meio de um corpo a corpo com o ethos das falas representadas.

A desqualificação desse antiethos toma aqui um rumo particular, visto que o alvo, no caso, os acadêmicos literários, são exatamente pessoas que opõem à abordagem sociológica a singularidade, para eles irredutível, dos escritores. Outra obra de Bourdieu, as *Regras da arte*, também se abre com a citação de uma professora de literatura e escritora, Danièle Sallenave[4], que denuncia as ciências sociais:

> "Deixaremos que as ciências sociais reduzam a experiência literária, a mais alta que o homem pode fazer, além da do amor, a pesquisas sobre nossos passatempos, quando se trata do sentido de nossa vida?" Frase semelhante, extraída de uma dessas inúmeras apologias atemporais e anônimas em favor da leitura e da cultura teria certamente desencadeado a alegria furiosa que os lugares-comuns conservadores inspiravam a Flaubert (Bourdieu, 1998: 9).

Significativamente, o nome da autora dessa citação vem numa nota de rodapé, de forma a acentuar sua dessingularização, pesadamente explicitada no comentário que se segue: a frase citada é chamada de "atemporal e anônima". Em suma, não passa de lugar-comum. Efetivamente, tudo se dá em torno da questão da singularidade. As ciências sociais são acusadas pela acadêmica literária de elaborarem leis "em detrimento da 'singularidade da experiência'", o que as oporia à literatura, que não elabora leis, mas "trata sempre do homem individual, em sua singularidade absoluta" (p. 10)[5]. A estratégia de Bourdieu consiste em dessingularizar essas afirmativas, em devolvê-las à banalidade da comunidade incontável dos defensores de "tópicos enfadonhos sobre a arte e a vida" [...] "inscritos em todos os espíritos moldados pela Escola" (p. 10).

Mesmo que as obras de Bourdieu nada tenham a ver com libelos ou panfletos, elas são impulsionadas por uma paixão militante reivindicada[6].

---

[4] Ela foi eleita para a Academia Francesa em 2011.

[5] Os blocos textuais entre aspas são atribuídos a D. Sallenave.

[6] Filme dirigido por Pierre Carle, lançado em 2001.

E é a isso que visa o sociólogo com esse tipo de citação semeado em suas exposições: exatamente o ethos dos professores das faculdades de Letras, transformado pelo sociólogo em antiethos ridículo de um grupo que rejeita as ciências sociais. Bourdieu apresenta os acadêmicos tradicionais como defensores de um "*habitus*" contra o qual o sociólogo tem de lutar. Ele contesta uma cultura que, por baixo de hábitos sedutores, participa da reprodução de uma ordem social encarada como injusta. Vejam que o documentário dedicado a Pierre Bourdieu se intitula *A sociologia é um esporte de combate*[7]: conferir um ethos ao adversário é tornar sensível na enunciação uma espécie de corpo a corpo com o ethos do autor.

As provinciais

A tipificação desqualificante pode se insinuar em todos os tipos de texto, a partir do momento em que o autor, mediante técnicas diversas de representação da fala, apresenta o ethos dos personagens tidos como típicos desempenhando o papel de contraponto: seu distanciamento permite ao enunciador legitimar a posição que ele ocupa.

Analisemos, por exemplo, a seguinte passagem extraída de uma reportagem intitulada "Uma revanche contra as 'elites parisienses'". Ela foi publicada durante a campanha eleitoral regional de 2015 pelo jornal de centro-esquerda *Le Monde*, considerado na França o jornal de referência das elites. O artigo trata dos habitantes de um departamento rural e pobre do norte da França, l'Aisne, onde o partido de extrema-direita, a Frente Nacional[8], está bem implantado. No *site* do jornal, o texto é vinculado a uma foto que enfatiza o contraste entre um político importante, Xavier Bertrand[9], e uma mulher típica desse eleitorado local da Frente Nacional. Por si só, a foto instaura sub-repticiamente uma hierarquia de valores entre o homem em primeiro plano, olhando para baixo, para a dupla formada pela mulher idosa e seu cão, não menos idoso. Não nos esqueçamos, contudo, que essa hierarquia se encaixa em outra: aquela instaurada ente o enunciador representante, no caso, o jornal, e as pessoas que ele evoca.

7 Disponível em https://www.youtube.com/watch?v=TlbAd2hwQms [último acesso: 29Jan2020].

8 Atualmente, a Frente Nacional mudou seu nome para "Rassemblement national" [União Nacional].

9 Várias vezes ministro a partir de 2004, deputado, ex-secretário geral do partido gaullista, a UMP (União por um Movimento Popular).

Dans l'Aisne, une revanche contre les « élites parisiennes »

LE MONDE | 14.12.2015 à 09h02 • Mis à jour le 14.12.2015 à 11h16 |

Par **Florence Aubenas** (Saint-Quentin (Aisne)

Abonnez vous à partir de 1 € | Réagir | Classer | Partager (46) | Tweeter

Disponível em https://www.lemonde.fr/elections-regionales-2015/article/2015/12/14/une-revanche-contre-les-elites-parisiennes_4831461_4640869.html; último acesso: 29Jan2020.

O título, por sinal, ressalta a tensão subjacente à reportagem, produzida pelo jornal emblemático dessas mesmas "elites parisienses", *Le Monde*. A enunciação da jornalista deve justificar sua própria superioridade no próprio ato de expor o ethos dos que a contestam. Essa posição de sobre-enunciação (Rabatel, 2005) não está assegurada, como em Bourdieu, pela autoridade conferida por uma ciência que, por seus conceitos e métodos, pretende atualizar as determinações inconscientes dos atores sociais, mas pela superioridade implícita de uma jornalista da mídia parisiense de elite em visita a um mundo rural intelectual e economicamente desfavorecido. Essa superioridade é a mesma do defensor de ideias racionais e democráticas diante de indivíduos que, ao votarem na Frente Nacional, pactuam com as forças obscuras do populismo.

Perto de Morcourt (Aisne), 595 habitantes, o bloqueio da autoestrada A1 por viajantes em agosto, no Somme, tornou-se um ponto de ruptura. "*Hoje, cada qual quer fazer sua jogada, as autoridades nem se mexem. É a lei do mais*

> *forte.*" Por todo o cantão, comitês de "Vizinhança solidária" são montados há cerca de um ano, doze membros por aldeia. Uma açougueira de Cora embarca de saltos altos num carro para "*o almoço com minha sogra*". A esquerda, a direita, "*é tudo igual: eles trabalham apenas para os bem de vida*". Ela votou na esquerda no primeiro turno, na direita no segundo (*Le Monde*, 15 de dezembro de 2015, p. 11).

Neste trecho, são destacados três fragmentos de discurso reportado, atribuídos a duas instâncias distintas: o primeiro, ao discurso direto, os dois outros integrados a uma mescla de discurso indireto livre com blocos textuais. O locutor do primeiro fragmento não é especificado: o leitor supõe tratar-se de um enunciador tipificado que poderia ser qualquer habitante da aldeia, ou pelo menos alguém que condivide a opinião prevalente nesse povoado de Morcourt. A segunda locutora, "uma açougueira de Cora", surge inicialmente apresentada em sua singularidade, como incitam a pensar a menção a seus saltos altos, a sua profissão e ao "almoço com a sogra". Contudo, o caráter generalizante de sua aforização — que repete um lugar-comum que o leitor modelo do *Le Monde* não tem a menor dificuldade em identificar como típico de uma atitude "populista" — a converte imediatamente em um indivíduo prototípico.

Esses fragmentos citados da fala da "açougueira de Cora" cumprem a mesma função dos de J. de Romilly ou de D. Sallenave em P. Bourdieu: permitem experimentar o ethos de um membro típico de uma coletividade que o enunciador mantém à distância. Uma atitude que também lhe permite fortalecer seu próprio ethos, ele próprio típico de um grupo, o dos jornalistas de elite que, em sua enunciação, devem constantemente marcar o quanto são diferentes da imprensa chamada popular. A essa altura, percebemos uma diferença relativamente à posição de Bourdieu. Ele pode mostrar ostensivamente sua superioridade apoiado em uma iniciativa que exibe marcas de cientificidade, enquanto a jornalista do *Le Monde*, para justificar sua pertinência a uma elite simultaneamente social e moral, deve paradoxalmente fazê-la ser esquecida, mostrar-se à escuta daqueles que a rejeitam. A sutileza desse dispositivo de enunciação está no fato de ele reforçar a desqualificação do ethos representado por meio de um ethos que se apresenta como relativamente neutro, até compreensivo em relação aos que, em sua ignorância, criticam as "elites parisienses".

II

Corpos públicos

4

O corpo do porta-voz

O ethos é, fundamentalmente, uma questão de corpo, de autentificação da fala por um corpo saturado de avaliações sociais. Para os analistas do discurso que mobilizam a noção de ethos, o discurso político é, nesse sentido, um objeto privilegiado, pelo fato de lhes propor enunciados produzidos por locutores que dispõem de um ethos pré-discursivo consistente, que ocupam posições bem definidas num campo bem estruturado e cujo ethos pode ser relacionado a estratégias a serviço de objetivos identificáveis. Também porque esses locutores são obrigados a expor seu corpo falante e, além de seu corpo propriamente dito, a fazê-lo significar de acordo com seu posicionamento e com as representações da comunidade na qual eles se inscrevem. Para se legitimar, porém, o próprio corpo que eles mostram faz apelo a outros, apresentando-se como seu porta-voz. Observaremos essa polifonia constitutiva em três exemplos: o primeiro, tomado da Revolução de 1789, os dois outros, da política francesa contemporânea. Todos os três se originam no gênero retórico chamado de "deliberativo", dado se tratar de enunciações que visam influenciar um voto.

O ethos do orador antigo

Em um discurso célebre[1], pronunciado diante da Assembleia Constituinte no dia 30 de maio de 1791, um dos principais atores da Revolução Francesa, Robespierre, defende a abolição da pena de morte. Sua alocução começa com um curto relato emprestado da história grega.

> *Com a chegada a Atenas da notícia de que cidadãos haviam sido condenados à morte na cidade de Argos, percorreram-se os templos e conjuraram-se os deuses a desviarem de Atenas pensamentos tão cruéis e funestos.* Venho rogar, não aos deuses, mas aos legisladores, que devem ser os órgãos e os intérpretes das leis eternas que a Divindade ditou aos homens, que apaguem do código dos Franceses as leis do sangue que ordenam assassinatos legais e que são repudiados por seus costumes e sua nova constituição. Quero provar-lhes, primeiro, que a pena de morte é essencialmente injusta; segundo, que ela não é a mais repressiva das penas e que multiplica crimes muito mais do que os previne[2] (*Œuvres de Robespierre recueillies et annotées*. Paris: A. Faure, 1867, p. 212).

Seguindo os preceitos ensinados nos cursos de retórica, Robespierre procede em três tempos: começa com um relato, em seguida, explica a analogia que o torna pertinente à questão debatida e, por fim, anuncia os dois pontos a serem desenvolvidos em sua argumentação. Tudo para que a analogia entre as duas situações de comunicação pareça perfeita, não obstante a divergência entre os contextos históricos. É o que mostra a comparação termo a termo:

Locutor	Ato de fala	Alocutário	Conteúdo
Os atenienses ("percorreram-se" "a Atenas")	"conjurar"	"os deuses"	"a desviar de Atenas pensamentos tão cruéis e funestos"
"eu"	"rogar"	"os legisladores" "os órgãos e os intérpretes das leis eternas que a Divindade ditou aos homens"	"que apaguem do código dos Franceses as leis do sangue que ordenam assassinos legais e que são repudiados por seus costumes e sua nova constituição"

[1] Sua fama provém, sobretudo, do fato de que o próprio Robespierre tornou-se, dois anos depois, um dos principais responsáveis pelo "Terror" (1793-1794), tendo seu nome associado a excecuções em massa.

[2] Itálicos nossos.

Trata-se daquilo que os retóricos chamam tradicionalmente de *exemplum*. Em termos de análise do discurso, trata-se mais exatamente de uma "cena validada" (Maingueneau, 1998a: 75): a cenografia de Robespierre convoca uma cena de fala já instalada na memória coletiva, um estereótipo descontextualizado, disponível para os reinvestimentos mais diversos. No caso de Robespierre, a cena validada é um evento de fala (as súplicas dos atenienses), escolhida porque, além da analogia explicitada pelo orador, ela mobiliza determinado ethos: Robespierre não se contenta em narrar um episódio trazido da Antiguidade grega, ele fala *como um orador da Antiguidade*, pelo menos tal como representado pela cultura francesa da época.

A propósito dessa constante referência aos revolucionários da Antiguidade, há um texto muito conhecido de Karl Marx, o início do *18 Brumário de Louis-Napoléon Bonaparte*:

> Os homens fazem sua própria história, mas não a fazem arbitrariamente, nas condições por eles escolhidas, e sim naquelas diretamente dadas e herdadas do passado. A tradição de todas as gerações mortas pesa gravemente sobre o cérebro dos vivos. E mesmo quando eles parecem ocupados em se transformar, a si e às coisas, em criar algo de completamente novo, é exatamente nessas épocas de crise revolucionária que evocam lamentosamente os espíritos do passado, que tomam seus nomes de empréstimo, suas palavras de ordem, seus costumes, para surgirem na nova cena da história sob esse disfarce respeitável e com essa linguagem emprestada. Foi assim que Lutero vestiu a máscara do apóstolo Paulo, que a revolução de 1789 a 1814 se enrolou posteriormente no traje da República romana, depois no do Império romano [*Le 18 brumaire de Louis-Napoléon Bonaparte* (1852). Paris: les Éditions sociales, 1969, Collection Classiques du marxisme (tradução da 3ª edição alemã (1885)].

Esse ethos antiguizante desempenhou, desse modo, um papel essencial na Revolução Francesa: seus atores não cessaram de pensar o mundo e de se legitimarem pela evocação da história grega ou romana. Surpreendidos numa situação histórica totalmente inédita, logo, submetidos a uma incerteza cognitiva extrema, eles construíram a própria identidade e deram sentido a sua ação apoiando-se na cultura greco-latina, que constituía o fundamento da educação das elites europeias desde o Renascimento. A esse respeito, é significativo

Robespierre introduzir seu *exemplum* sem dizer exatamente em que época esse episódio se situa, nem de qual livro fora extraído: se supõe que ele seja conhecido de seu público, o que evidentemente não significa que efetivamente o seja.

O uso, por Robespierre, do termo "cidadãos" ("*cidadãos haviam sido condenados...*") nada tem de anódino. Em 1791, tem-se a difusão de um uso consistente: substituir "senhor" ou "senhora" por "cidadão" e "cidadã" e recorrer ao "tu", como em latim: "Cidadão, tu...". Esse uso se imporá entre 1792 e 1794. Dirigir-se a alguém dessa forma era se arrogar o ethos do bom republicano e esforçar-se por falar e se comportar como tal.

Quando Robespierre fala diante da Assembleia em 1791, de certo modo, ele *é* um ateniense, Paris *é* Atenas. Espera-se que o público veja nele um orador antigo, ao qual associe esquemas correspondentes a um modo específico de se relacionar com o mundo, de habitar um corpo que exprime as "virtudes" do bom "republicano". Essas duas primeiras incorporações permitem a constituição de um corpo, da comunidade dos cidadãos virtuosos que, ao falarem desse modo, mostram-se como tais aos olhos dos demais e aos seus próprios. Estamos no início da Revolução, e a construção dessa comunidade é um desafio essencial para a atividade política. A República ainda não foi proclamada. A partir de 1789, o antigo *súdito* da monarquia tornou-se um *cidadão*, mas só virá a sê-lo plenamente quando a monarquia tiver sido abolida para dar lugar à República. Visto que, em 30 de maio de 1791, vive-se sob o regime da monarquia constitucional, o fato de mobilizar um ethos republicano tem, então, uma potência de contestação, sobretudo quando se trata de uma questão como a pena de morte, apresentada no texto como emblemática da "tirania", termo pelo qual, nessa época, os revolucionários designam as monarquias absolutistas. Opor "o povo" aos "tiranos" é conferir implicitamente um *ethos* que é, ao mesmo tempo, um *ethos* "ideológico" e um *ethos* "experiencial", que encarna a figura do virtuoso Republicano antigo.

Essa incorporação antiguizante é reforçada pelo fato de a retórica posta em prática por Robespierre em seu discurso e conhecida pelos deputados que o ouvem ser a mesma que os gregos e os romanos praticaram, teorizaram, codificaram e ensinaram. Sua fala participa do mesmo código retórico, para além da diferença entre o francês e o grego, ou o latim. E mais: a cultura antiga não é um mundo exótico para esses deputados. Ela se manifesta por meio de uma infinidade de objetos e de obras de arte que fazem parte de seu ambiente familiar. Em termos de mobiliário, por exemplo, é o estilo chamado "Luís XVI" que domina nesse tempo. Ele privilegia as formas geométricas (retângulo, quadrado, redondo e oval) especialmente inspiradas pela descoberta dos vestígios das cidades de Herculano e Pompeia. O estilo "diretório" e o estilo "império" de mobiliário que virão a seguir só farão confirmar essa tendência. Também não podemos ignorar o sucesso alcançado então pela pintura neoclássica, especialmente a do pintor Jacques-Louis David, amigo de Robespierre, de certo modo, o pintor oficial dessas virtudes republicanas, depois do imenso sucesso de seu quadro *O juramento dos Horácios* (1785).

Disponível em: https://fr.wikipedia.org/wiki/Le_Serment_des_Horaces; último acesso: 30Jan2020.

O quadro opõe em violento contraste o corpo republicano viril, rijo, e os corpos femininos exauridos, em prantos. Contra o corpo voluptuoso, sobretudo feminino, outrora posto em cena pela pintura rococó — bem ilustrado pela arte de F. Boucher[3] — a estética de David promove um novo corpo: musculoso, austero e heroico, em uma palavra, republicano. David é também um dos principais artesãos do estilo antiguizante em matéria de mobiliário. Em 1791, ele desenhava objetos imitando modelos greco-romanos, particularmente cadeiras e camas.

No momento em que Robespierre faz o discurso sobre a abolição da pena de morte, a fusão imaginária da história antiga com a Revolução já está concretizada na elaboração de um quadro monumental (dez metros de largura por sete de altura) pelo próprio David, que representa um juramento distinto do dos Horácios: o acontecimento classificado como fundador do fim do regime antigo e da Revolução, "O juramento do jogo da pela"[4], no qual os deputados são representados na mesma atitude dos Horácios. O exemplo grego pelo qual Robespierre começa seu discurso nada tem, portanto, de arbitrário. Além das teses que ele defende, seu ethos de orador ativa um mundo ético cuja significação política é, à época, fortíssima.

"Eu sou o porta-voz..."

O texto pelo qual nos interessaremos agora também provém da política francesa, mas foi produzido dois séculos mais tarde. Robespierre fazia falar em si o corpo imaginário dos gregos antigos. Dessa vez, entraremos em um quadro mais familiar, o de um candidato em campanha eleitoral. Trata-se da primeira página (de um total de quatro) do programa político[5] do militante altermundialista José Bové, candidato na eleição presidencial francesa de 2007[6]. Essa primeira página constitui uma unidade relativamente autônoma, um iconotexto composto de uma fotografia e de um texto, ambos unidos por uma aforização em amarelo, o *slogan* do candidato: "Outro futuro é possível".

Reproduzo a seguir a parte propriamente verbal:

---

[3] Os acasos históricos fazem de David parente de Boucher, que, por sinal, foi ainda seu primeiro mestre.

[4] "O juramento do jogo da pela" (20 de junho de 1789) é um juramento feito na sala do jogo da pela em Versalhes por 300 deputados do terceiro estado (isto é, não pertencentes nem à nobreza nem ao clero), aos quais se juntou parte dos deputados do clero e da nobreza. Eles fizeram o juramento de se manterem como uma coalizão até a elaboração de uma Constituição que pusesse fim ao absolutismo.

[5] Na França, os programas políticos são chamados de "profissão de fé", documentos em que os candidatos detalham seus programas políticos; eles são apresentados aos eleitores antes de uma eleição, acompanhados de cédulas eleitorais

[6] Evoquei rapidamente esse exemplo em Maingueneau (2014b: 131-133).

" Un autre avenir est possible "
José Bové

Madame, Mademoiselle, Monsieur,

Je suis un candidat différent des autres.
Syndicaliste paysan, militant altermondialiste, citoyen engagé, je n'appartiens à aucun parti politique. Des milliers d'hommes et de femmes, militant-e-s ou non, de sensibilités diverses m'ont demandé d'être leur candidat.
Je sollicite vos suffrages comme **porte-parole d'un rassemblement** de millions de citoyennes et de citoyens qui souffrent de la précarité et de l'insécurité sociale, qui contestent un système politique confisqué par quelques grands partis et qui s'inquiètent pour eux et pour les générations futures de l'avenir de la planète.
Comme vous, je ne crois pas à l'alternance sans fin entre la droite dure et la gauche molle.
Vous avez entre les mains une arme pacifique pour le dire : votre bulletin de vote.
Il y a deux ans, les électrices et les électeurs se sont insurgé-e-s contre le projet de Constitution européenne.
Le 22 avril prochain, nous avons l'occasion de décréter l'insurrection électorale contre le libéralisme économique.
Nous pouvons changer vraiment la vie. Nous pouvons imposer, ici et maintenant, une véritable transformation sociale, féministe, démocratique et écologique.
Votre bulletin de vote est utile pour battre la droite et l'extrême droite qui organisent la régression sociale et environnementale. Il est utile pour construire une gauche alternative qui rassemble et qui mette fin à la société du tout-marché et du tout-profit.
Votre bulletin de vote est précieux pour reconstruire l'espérance.
Le 22 avril, vous pouvez dire qu'un autre avenir est possible.

Aux urnes Citoyennes, Citoyens!

Senhora, Senhorita, Senhor

Eu sou um candidato diferente dos outros.

Sindicalista camponês, militante altermundialista, cidadão comprometido, eu não sou filiado a nenhum partido político. Milhares de homens e de mulheres, militantes ou não, de sensibilidades distintas, me pediram para ser seu candidato.

Eu peço seu voto como **porta-voz da união** de milhões de cidadãos e de cidadãs que sofrem com a precariedade e a insegurança social, que contestam um sistema político confiscado por alguns grandes partidos e que se inquietam pelo futuro do planeta, por si e pelas gerações vindouras.
Tanto quanto vocês, eu não acredito na constante alternância entre a direita dura e a esquerda mole. Vocês têm em mãos uma arma pacífica para dizer isso: seu título eleitoral. Faz dois anos, as eleitoras e os eleitores se insurgiram contra o projeto da Constituição europeia.
No próximo 22 de abril, nós teremos a oportunidade de decretar a insurreição eleitoral contra o liberalismo econômico.
Nós podemos mudar a vida. De verdade. Podemos impor, aqui e agora, uma genuína transformação social, feminista, democrática e ecológica.
Seu título eleitoral vai servir para derrotar a direita e a extrema-direita, que engendram a regressão social e ambiental. Ele é útil para construir uma esquerda alternativa que reúna e ponha fim à sociedade inteiramente pró-mercado e pró-lucro. Seu título eleitoral é precioso para reconstruir a esperança. No dia 22 de abril, vocês poderão dizer que outro futuro é possível.

Às urnas, Cidadãs, Cidadãos!

JB

Este texto interessa diretamente à problemática do ethos, pois visa moldar uma imagem do candidato que legitime sua postulação eleitoral. O enunciador parte de uma forma referencialmente vazia, o pronome de 1ª pessoa ("*Eu* sou um candidato diferente dos outros"), atribuindo a ela diversos predicados de ordem política para legitimar o estatuto que reivindica: o de um "porta-voz" que "não é filiado a nenhum partido". Para justificar essa rejeição a partidos, ele constrói uma representação do campo político francês:

- "Um sistema político confiscado por alguns grandes partidos".
- Estruturado por uma alternância entre "uma direita dura e uma esquerda mole".

É essa representação negativa que apela a um ethos de "candidato diferente dos outros", pois "porta-voz" de uma "reunião":

- "de milhares de homens e de mulheres, militantes ou não, de sensibilidades diversas..."
- "uma união de milhões de cidadãos e de cidadãs que sofrem com a precariedade e a insegurança social, que contestam um sistema político confiscado por alguns grandes partidos e que se inquietam pelo futuro do planeta, por si e pelas gerações vindouras."

Qualquer entidade constituída — um indivíduo ou uma coletividade — pode designar oficialmente um "porta-voz", alguém que fale em seu nome: o porta-voz de uma empresa, de um governo, de um artista etc.[7]. Mas esse porta-voz, que podemos chamar de *delegado*, não é necessariamente um porta-voz *inspirado*, que, como José Bové, apoia-se muito menos em uma organização e em procedimentos de nomeação do que em motivações de ordem ética — pouco importando de que natureza —, e por vezes até mesmo sem que aqueles em favor dos quais ele fala tenham lhe pedido. Ao repelir os partidos, José Bové se impede de ser um verdadeiro porta-voz delegado, mas, enquanto homem de esquerda, tem necessidade de ser mandatado por uma coletividade. O uso da palavra "união" permite resolver a dificuldade, pois ela baralha a fronteira entre o partido (organizado e estável) e a massa desorganizada: uma união[8] é um conjunto animado por uma mesma ideia, mas que não tem de durar no tempo, como uma instituição.

A Antiguidade republicana falava através de Robespierre. Através de José Bové é essa "união". Nem Robespierre nem Bové serão legítimos se falarem por si mesmos. Num primeiro tempo, a enunciação de José Bové é assumida por um *eu* ("eu não sou filiado", "eu solicito", "eu não acredito") que se situa em relação a uma "união" de não pessoas, mas esse *eu* desaparece em seguida em proveito de um "nós" (nós teremos a oportunidade", "nós podemos").

O ethos construído por Bové atua, de fato, em dois registros: ele atribui explicitamente diversas propriedades ao "eu", mas também ativa na periferia outro feixe de propriedades, o de um herdeiro da Revolução de 1789. A Revolução, efetivamente, comparece em filigrana, por meio de uma série de índices convergentes.

"cidadão engajado" → "milhões de cidadãs e de cidadãos" → "uma arma pacífica" → "se insurgiram" → "decretar a insurreição eleitoral" → "às urnas, Cidadãs, Cidadãos" (apropriação do refrão da canção revolucionária "La Marseillaise", transformada no hino nacional francês: "Às armas, cidadãos!")

---

7 Sobre o porta-voz, ver especialmente Marcoccia (2004), La Mantia (2016).

8 Não estou falando, evidentemente, dos casos em que um partido decide se chamar de "união", como no caso da direita francesa, por muito tempo dominada por uma "União pela República" ("Rassemblement pour la République" - RPR), fundada por Jacques Chirac.

O substantivo "cidadão" participa de dois espaços distintos: o espaço político-jurídico (o cidadão é o indivíduo enquanto pertencente a um corpo político) e, como vimos acima, o espaço histórico (o "cidadão" é emblemático da Revolução Francesa, por exemplo). O texto explora essa bivalência, sem explicitá-la: inicialmente, ele traz ao primeiro plano o valor político, depois o valor histórico. É o grupo nominal "insurreição eleitoral" que projeta no eixo sintagmático esses dois valores de "cidadão".

Operando também uma substituição "armas"/"urnas" no refrão de "La Marseillaise", José Bové opera um desvio polifônico na intenção de uma captura (Grésillon; Maingueneau, 1984) que lhe permite confirmar definitivamente seu ethos ideológico de político animado pelo espírito da Revolução de 1789. A eleição presidencial define o quadro de um relato no qual Bové é o herói, apresentado como análogo ao herói da Revolução Francesa. Diferentemente, porém, de Robespierre, que explicava cuidadosamente sua analogia com o episódio antigo, o leitor do programa político de Bové tem de, pessoalmente, reconstituí-lo.

A Revolução de 1789	*A candidatura de J. Bové*
A monarquia absoluta	"A sociedade inteiramente pró-mercado e pró-lucro"
O povo	"Uma união de milhões de cidadãos e de cidadãs que..."
A insurreição	Eleição presidencial
Fusão de dois espaços: "Insurreição eleitoral", "às urnas, cidadãs, cidadãos".	

O ethos do candidato José Bové se sustenta, dessa forma, em uma dupla ancoragem: no mundo contemporâneo, como porta-voz de uma "união" e num acontecimento da história da França que é também um acontecimento da história da humanidade: a Revolução.

Analisei o ethos reivindicado pelo candidato José Bové, mas não o ethos discursivo propriamente dito, o resultante da enunciação. Em uma eleição, o candidato deve, idealmente, fazer convergir seu ethos dito e seu ethos mostrado. Aí surge um problema: qual seria o ethos característico de um homem que não é filiado a partido algum e pretende ir além de determinado número de divisões instaladas na cultura política francesa para produzir uma "esquerda alternativa" que integre a esquerda clássica e os ecologistas? Todo ethos discursivo fortemente marcado teria como efeito excluir um dos elementos que Bové tenta reunir em síntese. A consequência é que o ethos discursivo manifestado pelo texto do programa político é relativamente neutro, compatível com diversos posicionamentos. O risco é, então, esse ethos enfraquecer a singularidade do candidato e a ruptura que ele pretende encarnar. É aqui que a foto da parte superior da página desempenha um papel importante.

Ela permite ao corpo do candidato-locutor encarnar a síntese política reivindicada pelo texto situado abaixo. Na foto, José Bové associa índices (camisa xadrez, pulôver de lã, bigode à gaulesa) compatíveis, na cultura francesa, com os atributos tanto do agricultor quanto do operário. Além disso, o fundo do qual o rosto se destaca é dominantemente azul, atravessado de faixas verdes. Podemos interpretar a escolha dessas cores como relacionada à reivindicação ecologista: o verde, evidentemente, mas também o azul. A foto do candidato permite ainda encarnar, dar corpo a um posicionamento que, em 2007, questiona oposições profundamente enraizadas no imaginário político francês (entre ruralidade e socialismo, entre esquerda operária e ecologia) e acrescenta uma componente "feminista".

Nesse sentido, a montagem com a qual o programa político se encerra é significativa.

As fotos 1 (no alto à esquerda) e 5 são típicas do mundo ético de um militante operário, fotografado em um ambiente urbano; por sua vez, as fotos 2 e 3 mostram o mundo ético de um militante camponês; é a foto 4 que opera a síntese, inserindo José Bové num "comício" eleitoral, do qual ele seria o porta-voz. Além do mais, essa montagem resolve os problemas suscitados pelo ethos de um José Bové que seria, ao mesmo tempo, um indivíduo destacado e um membro como outro qualquer do grupo em nome do qual ele fala: em primeiro plano, José Bové é apenas um elemento do grupo de algum modo aplaudido na cena, enquanto no telão situado acima seu rosto se destaca, isolado. Aqui, a foto realiza magicamente o que texto se esforça por validar.

Se olharmos atentamente essa foto 4, veremos três mulheres postadas, bem visivelmente, em primeiro plano. Esse detalhe combina com a legenda que evoca uma "candidatura coletiva, levada por cidadãs(aos), engajadas(os) ou não em política". As formas "cidadãs(aos)" e "engajadas(os)" resultam da escrita chamada "inclusiva". Tal escrita pode não estar de acordo com a norma linguística tradicional, mas é reivindicada por diversos movimentos feministas. O simples fato de usá-la é suficiente para conferir a Bové um ethos explicitado numa única palavra do texto, que não é objeto de nenhum desenvolvimento. "Feminista" aparece exclusivamente no meio de uma série de quatro adjetivos: "Uma verdadeira transformação social, *feminista*, democrática e ecológica". Em contrapartida, o texto acumula os índices indiretos de uma reivindicação feminista, Encontramos aqui, ao mesmo tempo, uma rejeição da regra segundo a qual o masculino tem prioridade sobre o feminino e, nas coordenações, temos em primeiro lugar a designação das mulheres.

— "elas (eles) se insurgiram"
— "as(os) militantes ou não"
— "Senhora, senhorita, senhor"
— "Cidadãs e cidadãos"
— "As eleitoras e os eleitores"
— "Às urnas, Cidadãs, Cidadãos"

José Bové, desse modo, pode fazer surgir uma faceta feminista em seu ethos discursivo, sem ter de explicar de que maneira essa faceta se articula com as componentes tradicionais do ethos político. Uma análise fina do ethos deve levar em conta discrepâncias enunciativas desse tipo.

Vestir o porta-voz

Um locutor que intervém no campo político encontra-se diante de uma alternativa quando tem de aparecer em público: pode se apresentar como um profissional da vida política, ou até mesmo se esforçar para mostrar um ethos tido como característico do grupo do qual ele se pretende o porta-voz. Numa situação dessas, a aparência física (o figurino, o penteado...) desempenha um papel fundamental, porque ela é relativamente independente do ethos implicado pelos textos. É o que vimos com José Bové: nos demos conta do nítido contraste entre o ethos associado ao texto e a foto do topo.

Na realidade, essa alternativa é, em certos aspectos, enganosa, pois não abrange todo mundo: os atores políticos pertencentes a grandes partidos, aqueles com chance de assumir o governo, tendem a se comportar como profissionais da política. Isso já não é o que podem esperar os representantes de movimentos políticos extremistas ou aqueles associados a setores delimitados da sociedade: uma religião, uma profissão, uma região, um grupo étnico... Na França, essa politização da vestimenta veio à luz no dia 27 de junho de 2017, reinício do ano legislativo parlamentar, quando alguns deputados de extrema-esquerda da "França Insubmissa" se recusaram a usar gravata e apresentaram essa reivindicação à mídia como gesto emblemático de um ethos revolucionário. Vemos irromper assim uma tensão entre o estatuto (dispor de uma bancada de deputados no Parlamento mostra não se tratar de um movimento político marginal) e o ethos habitual dos militantes de extrema-esquerda, que rejeitam a pertinência a um corpo de políticos profissionais em favor de uma proximidade com as camadas "populares". Para estar de acordo com seu posicionamento, para ser legítimos, eles exibiram um ethos marginal em relação às instituições políticas oficiais. Ao lado dessa divergência entre partidos da situação e partidos periféricos, é preciso ainda dar lugar à diferença sexual. Os políticos dispõem de um código de vestimentas neutras (paletó e gravata), o que não é o caso para as políticas. Dessa forma, é fácil para um político exibir determinado ethos através de sua roupa, mas muito menos para uma política: como interpretar politicamente o uso de uma saia ou de uma calça?

A esse respeito, podemos, por exemplo, comparar as imagens dos candidatos nos programas políticos dos diferentes partidos às eleições europeias de 2009. É impressionante o contraste entre o Movimento Democrata (MoDem - Mouvement démocrate), partido centrista com bancada no Parlamento, e o Novo Partido Anticapitalista (NPA - Nouveau Parti Anticapitaliste), movimento de inspiração trotskista, que se apresenta como porta-voz das vítimas do capitalismo. A primeira página de seu programa é reveladora.

npa-europeennes2009.org

NPA
NOUVEAU PARTI ANTICAPITALISTE

Partout en Europe,
pas question
de payer
leur crise !

ÉLECTIONS EUROPÉENNES DU 7 JUIN 2009 - CIRCONSCRIPTION ÎLE-DE-FRANCE

Votez pour la liste conduite par
Omar **SLAOUTI**,
Fabienne **LAURET**,
Olivier **BESANCENOT**

LE CAPITALISME EST EN FAILLITE. Sarkozy et ses amis multiplient les promesses hypocrites de « moraliser » ce système injuste pour faire passer les milliards versés aux banquiers et aux patrons. Mais c'est à nous, salarié-e-s, privé-e-s d'emploi, jeunes, immigré-e-s, retraité-e-s, qui avons vu nos conditions de vie et de travail, notre environnement sacrifiés au profit des actionnaires, qu'on impose encore plus de licenciements et de misère!

L'Union européenne est l'un des acteurs principaux de cette crise. Les politiques de Sarkozy et de Fillon sont celles qui sont décidées par l'ensemble des gouvernements européens.

Les luttes politiques et sociales avaient imposé des limites aux méfaits du capitalisme. Ces droits conquis sont démantelés pour mettre en place un vaste marché où tout serait à vendre. Il n'y a pas de fatalité. Il faut inverser la tendance!

Les peuples guadeloupéen et martiniquais ont montré qu'on pouvait gagner. La jeunesse s'est mobilisée en Grèce et ailleurs. En Pologne, on se bat pour le droit à l'avortement. En France, le mouvement social ne désarme pas.

Pour s'opposer aux politiques menées à l'échelle européenne, il faut amplifier et coordonner ces résistances : refusons ensemble la mise en concurrence des humains entre eux, le démantèlement du droit du travail, la disparition des services publics, les licenciements, la précarité de l'emploi. Faisons reculer les logiques du profit et du productivisme qui affectent notre santé, détruisent nos cadres de vie, et menacent gravement la survie de la planète. ►

O início do texto enfatiza a vontade de falar por (= em favor e em nome de) um subconjunto da sociedade, uma categoria assim definida:

> É a nós, assalariadas(os), desempregadas(os), jovens, migrantes, aposentadas(os), a nós que vimos nossas condições de vida e de trabalho, nosso meio ambiente serem sacrificados em proveito dos grandes investidores, que são impostas ainda mais demissões e miséria.

O "nós" marca o pertencimento dos candidatos ao mundo dos dominados. E seus trajes levam o leitor a construir um ethos de trabalhador, em contato com o mundo da "miséria", oposto ao dos "investidores". Os dois homens na foto estão de camiseta de cor sólida, preta ou branca. Por estarem usando o mesmo tipo de vestimenta, são mostrados como tendo em comum o pertencimento ao NAP, mas também como pessoas que se recusam a participar de uma classe política isolada do mundo dos trabalhadores: camisetas são uma vestimenta que os operários podem usar no cotidiano. Outro detalhe que vai nessa mesma direção: o iconotexto destaca em letras maiores o nome do candidato Omar Slaouti e registra na última posição e em letras menores o de Olivier Besancenot. Ora, em 2009, Besancenot era bastante conhecido pelo universo dos eleitores[9], ao passo que Omar Slaouti era um perfeito desconhecido. Tratava-se de mostrar, com isso, que o ator legítimo eram os trabalhadores e não esse ou aquele indivíduo, mesmo em se tratando de uma personalidade política.

Para ser bons porta-vozes dos trabalhadores, os candidatos do NPA devem, em seu programa político, mostrarem-se igualmente capazes de fazerem análises políticas. Aqui encontramos o ethos do militante marxista que, por seu saber, domina o funcionamento do mundo capitalista, pelo qual é dominado. Dessa forma, o fiador do texto é submetido a uma tríplice injunção: ele tem de mostrar relativa conformidade ao ethos dos trabalhadores explorados, mas também ao de um partido marxista e, como se trata de um documento dirigido a todos os eleitores, uma conformidade às normas do que constitui uma fala política legítima para um gênero de discurso determinado, no caso, um programa político. No texto, vemos também o ethos atuar sobre três registros distintos:

[9] Ele conquistara 4,08% dos votos nas eleições presidenciais de 2007.

(1) marcas de oralidade consideradas típicas dos locutores populares. É o caso do *slogan* que domina o texto todo: "Sem chance de pagar a crise deles";
(2) elementos linguísticos impostos por determinado gênero de discurso político;
(3) características na fala dos movimentos de extrema-esquerda, perceptíveis em todos os níveis do texto (do vocabulário ao modo de raciocínio e ao didatismo, passando por uma tipologia gráfica relativamente austera), como se vê na segunda página do texto.

Diferentemente do que acontece na maioria dos programas políticos, nos quais a primeira página é relativamente autônoma (era o caso do programa de Bové e é o caso do texto do MoDem, a seguir), o texto da primeira página do NPA continua quando se vira a página: a uma lógica de especialista da comunicação preferiu-se uma lógica de militante.

O programa político do MoDem é bem diferente. As roupas dão testemunho do pertencimento ao mundo dos políticos profissionais, tidos como a serviço do interesse geral e não desse ou daquele setor da população.

pour l'Europe

ste soutenue par François Bayrou

Marielle de Sarnez

Notre équipe de France pour l'Europe :

-de-France : **Marielle de SARNEZ**, députée européenne

: **Jean-François KAHN**, journaliste, fondateur de «Marianne»

ord-Ouest : **Corinne LEPAGE**, ancien ministre de l'Environnement

ud-Ouest : **Robert ROCHEFORT**, directeur du CREDOC

ud-Est : **Jean-Luc BENNAHMIAS**, député européen

uest : **Sylvie GOULARD**, présidente d'une association européenne

assif Central-Centre : **Jean-Marie BEAUPUY**, député européen

Outre-mer : **Gino PONIN BALLOM**, conseiller général de la Réunion

Nous l'Europe

devons faire face à d'immenses défis. Citoyens français, nous sommes aussi des citoyens européens. Nous savons maintenant que dans la mondialisation, un pays isolé ne peut rien. La crise économique nous en a apporté la preuve. Notre seule chance de nous faire entendre et respecter, c'est que les pays européens agissent ensemble. Les règles nécessaires pour empêcher les dérives financières et la montée des injustices ne peuvent être décidées qu'à l'échelon du monde. Si nous voulons être entendus, l'Europe est notre chance. Nous voulons défendre un modèle social, des services publics, une économie vivante, nos emplois, l'environnement de la planète, l'eau, l'air, le climat. L'Europe portera nos exigences. Mais pour être fidèle à l'attente des peuples, il faut que l'Europe devienne compréhensible par tous les citoyens. Nous proposons que ses décisions soient annoncées trois mois à l'avance pour que chacun puisse exprimer son avis par l'intermédiaire des élus, des associations ou syndicats. Et nous proposons que toute délibération devienne publique pour qu'on ne puisse plus dire « c'est la faute à Bruxelles ». Nous vous proposons une équipe de candidats remarquables par leur expérience et leur engagement à 100 %. Avec eux, vous aurez de vrais porte-parole, des députés européens écoutés et respectés. Pour faire entendre, au Parlement européen, notre voix de citoyens.

F. Bayrou

Elections européennes 2009 - www.europe.lesdemocrates.fr

MOUVEMENT DEMOCRATE

Nous voulons

1- **Mettre en oeuvre une réponse européenne unie** face à la crise et à la mondialisation.

2- **Promouvoir un projet de société** qui concilie l'exigence sociale, l'impératif démocratique et l'urgence écologique.

3- **Défendre le modèle social européen** en mettant en place un plan de convergence sociale pour une harmonisation progressive de nos niveaux de protection sociale.

4- **Défendre les services publics** pour préserver notre cohésion sociale.

5- **Aboutir à une harmonisation fiscale** entre États européens.

6- **Bâtir un modèle de croissance durable** en misant sur les énergies renouvelables et en repensant nos modes de production, de transport et de logement.

7- **Anticiper le vieillissement démographique** en le prenant en compte dans chacune des politiques publiques de l'Union.

8- **Défendre l'emploi et les PME européennes** en obtenant progressivement de nos partenaires commerciaux la prise en compte et le respect des mêmes impératifs environnementaux et sociaux.

9- **Instaurer une solidarité économique européenne**, une politique industrielle européenne et renforcer la coordination de nos politiques économiques.

10- **Construire une Europe des citoyens** en organisant des débats publics préalables aux décisions et en assurant la publicité des délibérations.

11- **Créer une avant-garde européenne** formée à partir des pays de la zone euro pour sortir l'Europe de l'immobilisme.

12- **Faire du savoir et de la connaissance des priorités de l'Europe** en doublant le budget européen pour la recherche et en créant une aide pratique aux dépôts des brevets.

13- **Donner à l'Union de vrais moyens pour agir** en augmentant significativement le budget européen en y affectant, par exemple, une taxe carbone ou une contribution sur les marchés financiers.

14- **Promouvoir une agriculture européenne de qualité** qui vise la sécurité alimentaire, qui protège l'environnement et maintient un tissu d'exploitations à taille humaine.

15- **Défendre une pêche durable** par l'implication des pêcheurs dans les processus de décisions, le maintien des activités sur le littoral et la préservation des ressources.

16- **Renforcer l'Europe de la culture** par la défense du pluralisme culturel et de la création européenne.

17- **Garantir les identités**, les cultures, les langues et les modes de vie en Europe.

18- **Assurer l'apprentissage de deux langues européennes** et de l'histoire de l'Europe dans les programmes scolaires.

19- **Développer les échanges pour les étudiants et pour les apprentis** avec un nouveau programme Erasmus, accessible à tous et soutenu par un système de bourses.

20- **Assurer la sécurité en Europe** à travers la création d'un procureur de l'Union avec autorité de poursuite dans toute l'Europe pour lutter contre la criminalité organisée.

21- **Instaurer une défense européenne indépendante** avec un état-major permanent européen.

22- **Coordonner nos diplomaties nationales** pour faire entendre la voix européenne.

23- **Lutter contre toutes les formes de discriminations** et faire de la lutte contre le handicap une priorité.

24- **Donner la priorité au développement des pays pauvres** en leur permettant de protéger leurs marchés agricoles et de valoriser leurs matières premières.

25- **Assurer les droits et libertés de tous les citoyens**, en particulier la protection de la vie privée, le droit d'asile, les droits des mineurs et **garantir l'indépendance de la justice.**

26- Honorer notre mondial

27- Informer les citoyens

Autour de François Bayrou en Ile-de-France

Elections européennes 2009 - www.europe.lesdemocrates.fr

MOUVEMENT DEMOCRATE

Claro que o texto tinha de trazer o termo "porta-voz":

> Apresentamos uma equipe de candidatos notáveis por sua experiência e seu compromisso 100%. Com eles, vocês terão verdadeiros porta-vozes, deputados europeus escutados e respeitados, para fazer ouvir nossa voz de cidadãos no Parlamento Europeu.

Mas não se especifica exatamente quais "cidadãos" eleitos pelo MoDem seriam os "porta-vozes".

Esse esforço de neutralidade se encontra nos figurinos. Os homens se submetem ao código indumentário dos profissionais da vida política. Além do mais, suas camisas e seus paletós são da mesma cor. Quanto às fotos das duas mulheres, elas permitem eludir problemas de ordem antropológica suscitados pela exposição de um corpo feminino na cena política (Coulomb-Gully, 2012, 2016): efetivamente, vê-se apenas a parte superior de seus bustos. Elas não se singularizam: usam o mesmo terninho, de cor sóbria, não usam joias, sua maquiagem é discreta. A única concessão aos estereótipos associados à feminilidade é o fato de suas roupas serem de cores diferentes.

5

O ethos do sobrelocutor

O capítulo anterior nos permitiu abordar gêneros de discurso — um debate na Câmara dos Deputados, programas político-eleitorais — nos quais a enunciação se mantém nos limites da interação política "comum", quando o locutor argumenta para persuadir destinatários com os quais compartilha o mundo. Agora, eu gostaria de analisar enunciações políticas apresentadas como provenientes da esfera comum, com o ethos que isso implica. Trata-se de enunciações orais, nas quais a presença física do locutor desempenha um papel essencial. Tomarei em exame duas situações simétricas: aquela em que as circunstâncias excepcionais forçam o locutor a tomar a palavra e outra em que o locutor converte em evento excepcional uma enunciação que, *a priori*, não o seria. Neste último caso, ele tem de elaborar um relato no qual sua própria enunciação aparecerá como momento decisivo para a coletividade. Os dois tipos de situação ancoram a enunciação numa crise que afeta a comunidade. A *Enciclopédia filosófica universal* caracteriza "crise" nos seguintes termos:

> Estrutura de *descontinuidade*, da ordem do *acontecimento* e do *momento* (no sentido de "momento crítico"), afetando o desenvolvimento regularmente progressivo de um processo cujo sentido se vê, por isso mesmo, alterado, comprometido e sob risco decisivo e significativo [Auroux (ed.), 1990: 511].

Pela própria irrupção da crise, o processo regular anterior se revela retrospectivamente, com a harmonia e o equilíbrio ameaçados ou perdidos. A metáfora médica se impõe aqui inevitavelmente: a oposição entre saúde e doença, vida e morte, trabalha no pano de fundo.

Uma distinção se impõe entre os discursos que se contentam em evocar a crise e aqueles que pretendem resolvê-la por sua enunciação. Quando um historiador fala hoje da "crise de 1929", designa uma descontinuidade cujo início é facilmente localizável (a "quinta-feira negra", 24 de outubro de 1929) e que se concluiu. O historiador não é um ator dirigindo-se a outros atores da mesma comunidade, afetados por uma crise presente. Não são as crises descritas por especialistas desde o exterior que nos interessam aqui, mas aquelas caracterizadas por um locutor engajado em dar-lhes solução. No interior dessas crises, temos ainda de distinguir as *exógenas*, impostas desde o exterior e já instaladas na opinião pública, das *endógenas*, construídas na enunciação que pretende resolvê-las.

O ethos do líder

O primeiro exemplo a concentrar nossa atenção é o de uma crise claramente "exógena", brutalmente imposta, que obrigou diversos atores sociais a produzir em caráter de urgência uma enunciação de valor reparador: o massacre de 130 parisienses na noite de sexta-feira, 13 de novembro de 2017, por um grupo de terroristas islâmicos. Estamos falando aqui de uma catástrofe: um acontecimento inesperado e brutal que afeta o conjunto de uma comunidade. Não estamos falando de uma catástrofe material (incêndio, tempestade, inundação...), mas de uma catástrofe que poderíamos chamar de "moral", que põe em risco os valores de uma comunidade provoca uma perda momentânea das referências.

O presidente da República, François Hollande, fez um breve discurso desde sua residência oficial, o Palácio Eliseu, na manhã de 14 de novembro, poucas horas depois do massacre. Ela foi transmitida ao vivo por televisão e rádio. A foto a seguir nos mostra a imagem que estava sendo vista pelos telespectadores em suas casas.

O discurso está estruturado em torno da sobreasseveração (Maingueneau, 2012) inicial, duas vezes retomada: "É um ato de guerra". Esta sobreasseveração é um ato de categorização, que permite saturar a indeterminação semântica com a perífrase anaforizada: "... é o que se produziu ontem".

> Meus caros compatriotas, o que se produziu ontem em Paris e em Saint-Denis, perto do Stade de France, é um ato de guerra e, diante da guerra, o país deve tomar as medidas cabíveis. É um ato de guerra cometido por um exército terrorista, o Estado Islâmico, um exército de jihadistas, contra a França, contra os valores por nós defendidos no mundo todo, contra o que nós somos, um país livre, que fala a todo o planeta. É um ato de guerra preparado, organizado, planejado desde o exterior com cumplicidades internas que a investigação permitirá identificar.
> É um ato de barbárie absoluta. Neste momento, 127 mortos e numerosos feridos. Famílias em desespero e aflição. O país está sofrendo, e eu decretei luto nacional de três dias. Todas as medidas para proteger nossos concidadãos e nosso território foram tomadas. Nesse quadro do estado de urgência, as forças de segurança nacional e o exército, aos quais rendo homenagem, especialmente pela ação produzida ontem — que permitiu neutralizar os terroristas —, o exército e as forças de segurança nacional estão mobilizados no mais alto nível de suas possibilidades e determinei que todos os dispositivos sejam reforçados em escala máxima. Militares patrulharão toda a Paris ao longo dos próximos dias.

> A França, agredida tão covarde, vergonhosa e violentamente, a França será impiedosa com os bárbaros do Estado Islâmico. Ela agirá com todos os meios, no marco do direito. E todos os meios adequados e em todos os campos, interiores e exteriores, em concertação com nossos aliados, eles próprios alvos potenciais dessa ameaça terrorista.
>
> Nesse tempo tão doloroso, tão grave, tão decisivo para nosso país, eu conclamo à unidade, à união, ao sangue frio. E eu me dirigirei ao Parlamento reunido em Congresso em Versalhes, segunda-feira próxima, para unir a Nação nessa provação.
>
> A França é forte. Mesmo que possa ser ferida, ela sempre se levanta e nada poderá atingi-la, mesmo que o sofrimento nos assalte. A França, ela é sólida, ela é ativa, a França, ela é valente, ela triunfará sobre a barbárie. A História no-lo lembra, e a força de mobilização de que hoje somos capazes nos dá a certeza disso.
>
> Meus caros compatriotas, o que estamos defendendo é nossa pátria, mas é bem mais do que isso. São os valores da humanidade, e a França saberá assumir suas responsabilidades, e eu os conclamo a essa unidade indispensável. Viva a República e viva a França.

A afirmação "é um ato de guerra" pode ser contrastada com outra, enunciada por François Hollande no mesmo Palácio Eliseu, algumas horas antes, enquanto os acontecimentos se desenrolavam. O presidente insistiu na dimensão trágica:

> "Há várias dezenas de mortos, há muitos feridos, *é um horror*".

A construção sintática "é um horror" só aparentemente tem o aspecto de uma categorização. O uso do substantivo qualificativo "horror" em posição de predicado nominal convoca efetivamente a uma paráfrase do tipo: "É horrível". A enunciação exprime uma emoção ante um mundo que ele não controla. Horas depois, no discurso presidencial de 14 de novembro, o *é* mudou de estatuto: passa-se a uma enunciação duplamente controlada: pela elaboração de um texto que pretende retomar o controle de uma situação globalmente apreendida desde o exterior como um acontecimento passado, e em um tom firme, marcial até, um ethos de dirigente determinado. Esse ethos se manifesta por meio de frases nas quais o "eu" está em posição agentiva ("eu decretei", "eu determinei que todos os dispositivos"...), ou pelo uso recorrente do futuro simples ("patrulharão", "me dirigirei", "triunfará"...). Diferentemente do futuro perifrástico (em *ir* + infinitivo), o futuro simples implica a existência de uma descontinuidade a vencer para a realização do processo verbal. A ausência de validação desse processo confere um ethos determinado ao locutor. Mais amplamente, o texto contém pouquíssimas proposições subordinadas, e a maioria das frases são curtas e construídas sobre o esquema elementar: sujeito + verbo + complemento. Esse tipo de enunciação não deixa de ativar o ethos de um locutor líder de guerra, que fala nas urgências e que é eficiente.

De um ponto de vista estritamente jurídico, a categorização desse massacre como um "ato de guerra", categorização decorrente da terminologia do Direito internacional, não é automática. Realmente, não se trata de um conflito entre Estados. Por isso, o locutor lista elementos que permitem justificar esse massacre como um ato de guerra:

(1) ele foi cometido por um exército;
(2) esse exército dispõe de uma cadeia de comando estruturada;
(3) ela se situa no exterior do país;
(4) ela visa atingir a França em seu todo.

Ao categorizar nesses termos o massacre como um "ato de guerra", o presidente pode nomear o inominável, fazer do desconhecido um conhecido; ele pode ainda legitimar as decisões excepcionais que anuncia em matéria de segurança. Por um escoramento recíproco, o conteúdo do enunciado vem justificar o ethos de um locutor que demonstra dominar duplamente a situação: ele analisa e toma as decisões necessárias. Ao fazer isso, exibe o ethos de um presidente da República "comandante-em-chefe" das forças armadas, conforme a Constituição francesa. Por sinal, lê-se no púlpito postado diante dele: "Presidência da República", o que fixa o lugar legitimador de sua fala. A decoração tem aqui sua importância para assentar a autoridade do ethos presidencial. Na imagem, dominam as linhas verticais: cortinas, colunas bandeiras, em torno de um corpo diante de um púlpito.

A caracterização do massacre como ato de guerra permite construir um interior e um exterior tranquilizadores, dar contornos à comunidade compartilhada, como o ressalta a expressão de tratamento "meus caros compatriotas" — aqueles que compartilham a mesma pátria — situada no início e no fim da intervenção. A comunicação visa criar solidariedade, um sentimento de pertença por recentramento sobre um "nós" oposto a um "eles" nomeado e externo ao espaço da nação. A dimensão epidítica de uma alocução dessas é evidente: é preciso reconsolidar mediante um luto coletivo uma comunidade ameaçada, apelar aos valores tidos como fundantes. Esse ethos é confirmado pela abertura à história da França ("A História nos lembra"), que inscreve a enunciação presente em uma série significante de outros acontecimentos. Nesse momento de crise, o locutor mostra não estar encerrado no presente das circunstâncias imediatas, mostra enunciar a partir de um espaço-tempo mais vasto. A anáfora "a França é..." designa desse modo uma França que estaria subtraída ao tempo, uma essência.

Além do papel de candidato

O exemplo anterior evocava uma catástrofe, um acontecimento que irrompe, desestabiliza de repente as categorias usuais e suscita uma retomada de controle por um locutor que, por meio de sua enunciação, confirma seu ethos de líder. Agora, vamos tomar em consideração um caso inverso: uma situação de rotina (uma eleição presidencial) transformada em momento crítico por um locutor que pretende produzir uma enunciação resolutiva.

Trata-se do começo de uma alocução de Barack Obama em Des Moines, capital de Iowa, no dia 27 de dezembro de 2007, com o objetivo de vencer a convenção partidária (*caucus*[1]) desse pequeno Estado. Essa eleição é importante por se tratar da primeira convenção da campanha. Obama travava uma disputa cerrada naquele momento com Hillary Clinton e John Edwards. Figura neófita na vida política americana, ele se postava como o desafiante[2]. Isso tem uma incidência direta sobre seu ethos discursivo: sua menor notoriedade, seu fraco arraigamento institucional e sua relativa inexperiência o levam a se apoiar menos na legitimidade conferida por uma longa carreira política e mais em uma "inspiração" justificadora de sua própria enunciação pela necessidade de solucionar uma crise por ele mesmo definida[3].

---

1 *Caucus* se refere à convenção dos militantes políticos locais de um partido que devem escolher os delegados que, por sua vez, designarão o candidado à nomeação desse partido.

2 Por sinal, ele será eleito candidato oficial do Partido Democrata com menos voz que sua rival, mas com pequena vantagem de delegados.

3 As últimas palavras desse discurso de Obama explicitam essa dimensão terapêutica: "A verdadeira jornada — para *curar* uma nação e *consertar* o mundo — terá realmente começado" (destaques nossos).

Para chegar a isso, Obama pretende mostrar a seus ouvintes que o contexto que eles compartilham não se reduz a uma convenção partidária para uma eleição presidencial, mas se inscreve em uma narrativa transcendente que dá sentido a sua atividade e a si mesmos. Ele ativa, então, uma tensão entre a cena genérica que lhe atribui o lugar de um simples candidato à nomeação de seu partido e a cenografia que ele se esforça para impor, a de um cidadão inspirado num momento que ele julga crítico para a coletividade. Essa operação assume todo o seu sentido se se levar em conta que esse discurso não é feito em um estádio, diante de uma multidão imensa e entusiasta, mas numa sala relativamente pequena, na qual os ouvintes estão próximos e em número restrito. Trata-se de uma amostra dos "Estados Unidos profundos", de cidadãos comuns de um pequeno Estado rural, não de uma multidão de partidários.

Significativamente, sua alocução começa pelo perfil do ethos do candidato inspirado inscrevendo-o em uma narrativa de valor exemplar, organizada em torno de uma crise cujos componentes ele explicita: "Nação em guerra", "planeta em risco", "falido", "economia desequilibrada", "sistema de educação falhando", "sistema previdenciário em frangalhos".

> Dez meses atrás, me postei nos degraus do Antigo Capitólio Estadual em Springfield, Illinois, e dei início a uma jornada improvável para mudar os Estados Unidos.
>
> Não entrei na campanha à presidência para concretizar ambições pessoais longamente nutridas ou porque acreditasse tratar-se de algo que me fosse devido. Decidi concorrer nessa eleição — neste momento — por causa daquilo que o Dr. Martin Luther King chamava de "a urgência feroz do agora". Porque vivemos um momento de definição em nossa história. Nossa nação está em guerra. Nosso planeta está em perigo. Nosso sistema de saúde está quebrado, nossa economia está desequilibrada, nosso sistema educacional segue falhando com muitas de nossas crianças e nosso sistema previdenciário está em frangalhos.
>
> Nesse momento de definição, não podemos mais esperar por um sistema universal de saúde. Não podemos mais esperar para consertar nossas escolas. Não podemos esperar por bons empregos, salários dignos e aposentadorias suficientes. Não podemos esperar que o aquecimento global seja interrompido e não podemos esperar o fim da guerra no Iraque. [...][4].

[4] Disponível no Youtube: https://youtu.be/jPtg-gvgWhE (último acesso: 2Fev2020).

Ao dizer "dez meses atrás", o orador inscreve sua enunciação numa atividade discursiva mais vasta, a da totalidade da campanha pela nomeação, metaforizada como "jornada", viagem. O aqui e o agora da enunciação estão relacionados com outra cena de enunciação (a declaração de candidatura feita no "Antigo Capitólio Estadual" de Springfield), marco inicial da disputa. A menção aos "degraus" que levam ao Capitólio transforma cada eleição local em uma etapa. O "eu" se autoatribui as qualidades que fazem dele o herói dessa busca. Sua missão é definida de maneira negativa ("Não entrei na corrida à presidência para concretizar ambições pessoais longamente nutridas ou porque acreditasse tratar-se de algo que me fosse devido"): o ethos que ele quer mostrar não é o de um político preso a uma rede de obrigações, sua candidatura não é resultado de um processo previsível (de onde a associação de "improvável" a "jornada"), mas a decisão de um americano que, confrontado pela crise que vitima a comunidade à qual pertencem seus destinatários e ele próprio, foi tomado por uma inspiração. A evocação ao "Antigo Capitólio Estadual" de Illinois feita pela declaração de candidatura tem dupla função:

(a) ela permite situar o orador em um lugar diferente de Washington, lugar de um poder inautêntico: Obama é senador por Illinois;

(b) ela inscreve esse primeiro candidato afro-americano em uma filiação: foi do mesmo Antigo Capitólio Estadual que Abraham Lincoln, que aboliu a escravidão nos Estados Unidos, anunciou sua candidatura em 1858.

Abraham Lincoln integra a lista das autoridades incontornáveis no discurso político americano contemporâeo. Martin Luther King também. Eles têm em comum terem querido reconciliar brancos e negros e terem sido assassinados por conta de suas ideias. Em sua campanha, Obama não se apresenta como um afro-americano, ele não pretende exibir o ethos de um porta-voz de uma minoria. Mas encarna em seu corpo essa reconciliação, por ser filho de pai africano negro e mãe branca, e esse corpo visível o distingue decisivamente de seus rivais. Situando-se implicitamente nas pegadas de Lincoln e de King, ele dá sentido ao estatuto dos mestiços, mas de maneira indireta. O espírito de dois mortos ilustres, Lincoln e King, anima o candidato Obama: de certo modo, é "agora" que King está falando e, através dele, Lincoln, do mesmo modo como Robespierre fazia falarem em si os republicanos antigos e José Bové, os revolucionários de 1789.

Por sinal, é Martin Luther King quem oferece a Obama o dêitico "agora" glosado como momento decisivo: "A urgência feroz do agora". Ora, esse "agora" é essencial, dado tratar-se do próprio motivo de sua candidatura: a urgência da situação de crise exige que ele saia candidato. Nesse contexto, o "agora" atua em dois registros: remete ao momento da enunciação, mas também remete a um tipo de "agora", uma série de acontecimentos emblemáticos cujo conjunto constitui aquilo que poderíamos chamar de o lendário americano. O fato de atribuir o "agora" a King, que pertence a esse lendário, também permite assegurar a ponte entre as duas temporalidades. Aqui, a fórmula "a urgência feroz do agora", transformada em lugar-comum nos Estados Unidos ("the fierce urgency of now"), ativa por metonímia o conjunto da cena validada, o acontecimento prestigioso do qual faz parte, como uma espécie de relíquia sacralizadora do conjunto da enunciação do candidato Obama. Com efeito, ela foi usada no famoso discurso "I Have a Dream", de 28 de agosto de 1963, exatamente no Memorial Lincoln de Washington. O que nos leva ao herói da busca: esse "eu" que, nas pegadas de Lincoln, deu início à viagem para a capital federal, do "Antigo Capitólio Estadual" para o "Capitólio" de Washington. O próprio discurso de 28 de agosto de 1963 foi pronunciado ao final de uma marcha sobre a capital (a Marcha sobre Washington por Trabalho e Liberdade), que entra em ressonância com a "viagem" da qual pretende participar essa enunciação de Obama, um dos motivos da qual é justamente a subida para Washington: "A mudança de que nós necessitamos não vem de Washington. A mudança vai para Washington", dirá Obama alguns meses mais tarde, na convenção de nomeação do Partido Democrata.

Nessa alocução de Obama em Des Moines, a passagem de "nesse momento", no primeiro parágrafo, a "estamos num momento de definição em nossa história" explicita, pela adjunção de "de definição", esse caráter de momento oportuno e decisivo. O presente dêitico partilhado ("nós estamos") é integrado em um relato englobante ("nossa história") ainda inconcluso. O uso do artigo indefinido ("um momento de definição") permite fazer o presente da enunciação entrar numa classe aberta de outros momentos críticos. O orador enumera alguns deles pouco adiante em sua alocução: a declaração de independência, a abolição da escravatura, a presidência de Roosevelt, a luta de Martin Luther King. E, entre esses, ele inscreve implicitamente sua própria eleição.

> Mas também sei disso: eu sei que a esperança tem sido a força-guia subjacente às mais improváveis mudanças feitas por esse país. Diante da tirania, foi o que levou um grupo de colonizadores a se insurgirem contra um Império. Diante da escravização, foi o que alimentou a resistência do escravizado e do abolicionista e que permitiu ao Presidente traçar um rumo arriscado para garantir à nação não permanecer metade escravizada, metade livre. Diante da guerra e da Depressão, foi o que levou a maior das gerações a libertar um continente e a curar uma nação. Diante da opressão, foi o que levou jovens homens e mulheres a se sentarem em balcões de restaurantes, enfrentarem mangueiras de incêndio e marcharem pelas ruas de Selma e de Montgomery pela causa da liberdade. Esse é o poder da esperança — imaginar e depois trabalhar por ela, o que antes parecia impossível.

O locutor constrói, desse modo, um ethos pela qual se apresenta como enunciando a junção entre dois mundos: um mundo presente — onde há candidatos a uma investidura do Partido Democrata — e um mundo transcendente — onde um homem realiza falando um ato fundador consagrado a enriquecer o acervo lendário da comunidade. Contudo, para que essa pretensão construída pela enunciação se torne realidade, é preciso que seus destinatários, transportados pelo desempenho oratório, percebam sua enunciação como fundadora.

A Cena retórica

Trate-se do Presidente da República francesa ou de um candidato à presidência americana, de uma catástrofe violentamente irrompida ou de uma longa campanha eleitoral, os locutores não são simples locutores, mas oradores. É certo que eles enunciam num quadro bem identificado e validado, mas sua fala pretende se destacar das situações de comunicação "ordinárias", mobilizando uma *Cena retórica*, cuja letra inicial tem de obrigatoriamente ser grafada em maiúscula. A Cena retórica não é um gênero de discurso, mas um dispositivo de enunciação oral que pode intervir em vários gêneros. Temos exemplo disso (p. 146) na anáfora "Eu, quando eleito presidente..." no interior do debate entre François Hollande e Nicolas Sarkozy. Alguns gêneros, porém, servem para ativá-lo: é o caso de nossos dois exemplos.

A Cena retórica implica destinatários divididos em dois planos distintos:

— um, público, geralmente coincidente com o tipo de destinatário prescrito pelo gênero de discurso;
— uma comunidade que transcende a situação de enunciação e integra o orador e seus destinatários. Tal comunidade implica aquilo que a semiótica greimasiana chama de um Destinador que funda os valores partilhados por seus membros: "Por pertencer ao universo transcendente, o Destinador é aquele que comunica ao Destinatário-sujeito (derivado do universo imanente) não apenas os elementos da competência modal, mas também o conjunto dos valores em jogo" (Greimas; Courtés, 1979: 95).

A presença dessa comunidade transcendente às vezes aflora à superfície do texto. No discurso que Barack Obama pronunciou alguns meses mais tarde, quando de sua nomeação pela Convenção do Partido Democrata (28 de agosto de 2008), encontramos a seguinte passagem:

> Vocês mostraram o que a história nos ensina — que, em momentos de definição como esse, a mudança de que carecemos não vem de Washington. A mudança vai a Washington. A mudança acontece porque o povo americano a exige — porque ele se levanta e insiste em novas ideias e em nova liderança, em uma nova política para um novo tempo.
> *América*, este é um desses momentos.
> Eu acredito que, por mais difícil que seja, a mudança de que precisamos vem chegando (...).

Destaquei em itálico a apóstrofe "América". O orador se desvia de seus ouvintes imediatos e até mesmo do conjunto dos militantes do Partido Democrata, para se dirigir a uma entidade imaterial, a América, Destinador que condensa os valores tidos como compartilhados por todos. O orador prepara a aparição dessa apóstrofe ao adotar, praticamente com as mesmas palavras que François Hollande ("a História no-lo lembra"), o ponto de vista elevado da "história" ("a história nos ensina") para passar de seu auditório empírico ao "povo americano", comunidade que congrega os vivos e os mortos.

A Cena retórica não é apenas uma situação de enunciação, é também a espetacularização da própria fala, que tem de ser exemplar, estética e eticamente. No plano ideal, nessa fala que enuncia *o que se tem* de enunciar *da maneira como se deve*, o Belo e o Bem se fundem.

Na alocução de François Hollande, por exemplo, não se trata apenas de expor um ponto de vista e de fundamentá-lo, é preciso fabricar o *memorável*. E isso se dá especialmente pela multiplicação das repetições e pela produção de enunciados generalizantes sobreasseverados, apresentados como destacáveis, como podendo/devendo ser ditos por toda pessoa à altura dessas circunstâncias excepcionais. O fecho da alocução, quando a Cena retórica chega a seu paroxismo, é revelador nesse sentido. Notemos, em particular (aqui marcadas em negrito) as repetições ternárias emaranhadas.

> Nesse tempo **tão doloroso, tão grave, tão decisivo** para nosso país, eu conclamo **à unidade, à união, ao sangue-frio.** E eu me dirigirei ao Parlamento reunido em Congresso em Versalhes, segunda-feira próxima, para unir a Nação nessa provação.
> **A FRANÇA É FORTE**, e mesmo que venha a ser ferida, ela sempre se levanta e nada poderá atingi-la, mesmo que o sofrimento nos assalte. **A FRANÇA, *ela* É SÓLIDA, *ela* é ativa, A FRANÇA, *ela* É VALENTE**, ela triunfará sobre a barbárie. A História no-lo lembra, e a força de mobilização de que hoje somos capazes nos dá a certeza disso.

Por natureza, a repetição[5], ao contestar a linearidade do texto, chama a atenção para o significante. Aqui, a enunciação deixa de argumentar, ela se oferece em espetáculo para unir a comunidade. A fala do orador se dirige para além do momento presente, a um Destinador invisível, a França, que transcende as diversas épocas.

Tudo isso, evidentemente, tem consequências sobre o ethos. A Cena retórica supõe um locutor de ethos amplificado, um orador no sentido mais forte. Ele assume o ethos de um *sobrelocutor*, que deve justificar essa amplificação com aquilo que diz e com o conjunto de seu desempenho vocal e corporal. Quando se dá a convergência entre o gênero de discurso e a Cena de enunciação, essa transformação em sobrelocutor é particularmente marcante. A alocução de François Hollande é feita no Palácio do Eliseu, num ambiente ao mesmo tempo sóbrio nobre, decorado apenas com bandeiras. Também é o caso das reuniões políticas que ocorrem em salões imensos cobertos de telas gigantes. Foi o caso quando Obama disse: "América, este é um desses momentos" a 84.000 pessoas no grandioso Estádio Mile High, de Denver.

---

5 Sobre o papel desempenhado pela repetição no discurso, ver Paissa e Druetta (orgs.) (2019).

Disponível em: https://www.britannica.com/topic/Democratic-National-Convention; último acesso: 3Fev2020.

O orador se destaca, singular no meio da multidão que ele domina, amplificado pela imagem da parte superior de seu corpo, projetada numa tela imensa. Sobre essa imagem, assim como sobre a de François Hollande, não é o corpo inteiro que se percebe, mas o busto, frequentemente reduzido à cabeça. Realmente, o rosto possui propriedades dignas de menção:

(1) é a única parte do corpo que permite identificar um indivíduo como distinto dos demais;
(2) no imaginário profundo, ele é a sede do pensamento e dos valores;
(3) é nele que está a boca, fonte da fala.

A imagem projetada na tela autentica a fala portadora de *valores* de um locutor *singular*, distinto do comum dos mortais. O étimo de "oratória", o substantivo latino *os*, aliás, não designa a boca como orifício corporal, mas sim enquanto rosto e sede da fala. O ethos de um orador não está associado a um corpo, mas a sua parte superior, a parte nobre.

A tecnologia realiza aquilo que está inscrito nas próprias condições de possibilidade da Cena retórica: a conversão do locutor em sobrelocutor. O indivíduo que vemos falar em carne e osso se dirige ao público empírico, enquanto a imagem do busto ou da cabeça, imaterial, se dirige ao Destinador em nome de quem ele fala. Responde ainda à transformação da multidão em comunidade unificada por esse Destinador a conversão do locutor em sobrelocutor que mostra o ethos, de certo modo xamânico, de um locutor que se comunica com os espíritos, no limite entre o humano e as forças não humanas sobre as quais o mundo humano deve se fundar.

6

O ethos no corpo

Os exemplos que estudamos provêm de um regime de enunciação no qual locutores produzem oralmente ou por escrito enunciados originados em determinado posicionamento do qual eles se dizem os responsáveis. Quando falamos de discurso político, é evidentemente nisso que pensamos: um corpo falante. Até mesmo um cartaz num muro decorre desse regime: o autor é coletivo, não está fisicamente presente, mas fala. A expressão política não poderia, contudo, se reduzir a esse caso específico, mesmo sendo ele o mais amplamente majoritário. Podemos pensar numa modalidade bem distinta da relação entre o corpo e o enunciado: aquela em que o locutor não é mais, propriamente falando, um locutor, mas se transformou em suporte de um enunciado escrito, concebido para ser visível no espaço público. É quando o corpo muda de estatuto, e o enunciado também. Esse tipo de expressão política, nós o conhecemos há muito tempo graças às manifestações, às marchas nas ruas. Esse modelo clássico, porém, coexiste atualmente com outras formas, sintomáticas das mudanças na sociedade.

Os enunciados aderentes

Carregar um enunciado escrito resulta de uma categoria mais vasta, que propus chamar de os *enunciados aderentes*[1]. Entendo com isso enunciados escritos que se encontram fisicamente em contato com um objeto que lhes sirva de suporte. Esse suporte, entendamos, não é contingente, como seria o caso, por exemplo, de uma etiqueta caída por acaso em uma caixa; os enunciados que podemos chamar de aderentes destinam-se a figurar em determinado tipo de objeto, com o qual formam um todo. O suporte também não é simplesmente um quadro: uma página de jornal não é o suporte dos artigos que ela contém. Portanto, serão enunciados aderentes, por exemplo, aqueles presentes numa caixa de queijo, ou numa garrafa de vinho, um título num quadro, uma inscrição num monumento, um lema tatuado num braço, uma placa indicativa de rua, uma frase numa camiseta etc. Há uma interação entre o suporte e o enunciado, eles se afetam mutuamente. O epitáfio inscrito num túmulo infunde algo ao pedaço de mármore que lhe serve de suporte: faz dele uma tumba; por sua vez, o pedaço de mármore infunde algo ao enunciado: transforma-o em uma inscrição funerária, e até mesmo numa inscrição em acepção plena, dado que está gravada.

Basta olhar ao redor de si para se dar conta de que os enunciados aderentes proliferam e são os mais diversos. Mas esse tipo de dados foi negligenciado pela análise do discurso, que, nas correntes dominantes na América do Norte, privilegiou maciçamente as interações orais, assim como a tradição europeia deu preferência ao par gênero/texto. Esse desinteresse é facilmente explicável: o objeto suporte não provém do verbal, ele se acomoda mal a uma análise "logocentrada" do discurso, dê-se ela sob a forma das interações orais ou mediante textos escritos que podemos autonomizar, abstrair da situação onde foram produzidos. Por exemplo, a propósito das tatuagens, M.-A. Paveau (2009: 2.3) chamou a atenção para o fato de que elas "não entram no dispositivo padrão que funda toda enunciação sobre uma interação comunicacional explícita

1 Evoquei antes rapidamente essa questão a propoósito das aforizações (Maingueneau, 2012a): por exemplo, as divisas em uma bandeira ou um epitáfio em um túmulo. Mas o termo "enunciado aderente" foi introduzido por ocasião da conferência inaugural do colóquio "DiscourseNet-Aled" (Paris Seine. Université de Cergy-Pontoise,11 de setembro de 2019).

ou implícita, de superfície ou de maneira primitiva". Realmente, "dizer não é obrigatoriamente dizer a alguém, pode ser apenas dizer, dizer a si mesmo ou simplesmente exprimir, marcar ou formular a própria experiência, instalar um laço com o real".

O exemplo da tatuagem nos leva a um suporte detentor de um estatuto muito particular: o corpo humano. Do ponto de vista do ethos, os enunciados que aderem a suportes não humanos apresentam um interesse limitado. O mesmo não se passa quando se trata do corpo humano: associado a um enunciado, ele introduz uma imagem do indivíduo portador, faz dele um "sustentador": ao mesmo tempo, um "portador", alguém que porta — num sentido vaguíssimo — um enunciado, e um "sustentador", alguém que assume a responsabilidade por ele. Isso exclui, evidentemente, o caso dos homens-placa, pagos para exibir enunciados publicitários: eles apenas portam enunciados, aos quais são indiferentes. O "sustentador" integra realmente, numa totalidade dinâmica, o corpo e o enunciado aderente.

Se quisermos classificar os enunciados aderentes como sustentadores, poderemos utilizar diversos critérios. Os enunciados inscritos diretamente no corpo — derivados de uma "corpografese" (Paveau; Zoberman, 2009) — se opõem aos que são apenas portados. Entre os inscritos no corpo, podemos distinguir os enunciados permanentes (pensemos aqui nas tatuagens) dos efêmeros (escritos, por exemplo, com pincel atômico ou a tinta). Poderíamos também estabelecer uma distinção entre os enunciados aderentes classificáveis de singulares, associados a uma única pessoa, e os que são compartilhados por uma pluralidade de pessoas (por exemplo, duas pessoas carregando uma faixa). Mas essas distinções têm algo de artificial fora da situação concreta na quais assumem sentido.

Nessas poucas páginas, vou me interessar por enunciados aderentes situados na interface entre o individual e o coletivo: os enunciados cujos manifestantes são os sustentadores. Como o indica a própria polissemia do substantivo "manifestação", os manifestantes são indivíduos que devem, mediante seu envolvimento corporal, dar a maior visibilidade possível a uma convicção compartilhada. Quando eles entoam palavras de ordem, são encarados como quem torna sensível uma convicção em favor de uma causa justa ameaçada por um exterior hostil ou indiferente.

A manifestação como pessoa coletiva

De um ponto de vista comunicacional, uma manifestação é a encenação de um sustentador coletivo, constituído por um número mais ou menos elevado de corpos individuais, alguns dos quais portadores de enunciados aderentes que visam dar visibilidade a um ponto de vista partilhado pelo conjunto dos manifestantes. Contudo, nem todos os enunciados em faixas têm a ver com isso: muitos simplesmente indicam o nome de alguma instituição participante da manifestação. Apenas as palavras de ordem, de fato, implicam genuinamente um ethos. Ao especificarem a razão de ser da manifestação, elas amalgamam seus membros. Sem elas, a manifestação não passaria de um agregado de indivíduos, de uma multidão. Nas manifestações que se pode chamar de "clássicas", o ethos das palavras de ordem é um ethos reivindicativo estereotipado, muito frequentemente associado a construções específicas: "Não a X", "Abaixo Y", "Nome próprio, *impeachment* já!", "Por Z", "Pare W" etc.).

Uma manifestação é uma pessoa coletiva porque, em um nível superior, as palavras de ordem dos indivíduos reunidos remetem à autoridade de uma entidade que os transcende, um hiperenunciador transitório, fiador do conjunto dos enunciados aderentes coexistentes na manifestação: as vítimas de determinada catástrofe, estudantes que recusam um projeto de lei, o povo que exige a deposição imediata do Presidente etc. Como nem sempre é possível controlar o conjunto desses enunciados, os organizadores concentram sua atenção sobre os mais evidentes, especialmente os que estão nas faixas mais visíveis à frente do cortejo, ou as maiores. O próprio hiperenunciador extrai sua autoridade de um Destinador ("a Justiça", "a Esquerda", "a Liberdade", "a Pátria"...)[2].

Essa fundamentação em um Destinador é essencial, pois a coesão desse corpo transitório, uma manifestação apenas, é constantemente ameaçada. Um batalhão ou um time de futebol podem ser chamados de uma "mesma" entidade no decorrer dos anos, mesmo que seus membros não parem de se renovar. Mas uma manifestação é da ordem do acontecimento, inscrita no tempo e no espaço. Mesmo que exista uma série de manifestações pela mesma causa, não saímos da lógica do acon-

[2] Tratamos aqui apenas das manifestações. Sobre as relações entre identidade e ethos coletivo, ver Orkibi (org.) (2015).

tecimento. Essa diferença se traduz nas aforizações: uma instituição tem *lemas*, enquanto uma manifestação tem palavras de ordem, cuja virtude é unificar imaginariamente os participantes por meio de sua enunciação.

Evocamos aqui a manifestação clássica, que reúne uma multidão em torno de enunciados aderentes portados coletivamente: em grandes faixas exibidas por várias pessoas, ou em cartazes carregados por um indivíduo, mas de tamanho suficiente para serem vistos de longe. Ora, hoje vemos se desenvolverem manifestações que questionam esse dispositivo: elas tendem a se fragmentar em indivíduos que portam seus próprios enunciados aderentes. A própria noção de coletivo está alterada, com tudo o que isso implica em termos de ethos. Esse fenômeno é sintomático da passagem para um mundo em que algumas instituições que organizavam a população estão em crise. Recorrendo a dois exemplos precisos, evocarei dois tipos desses: as inscrições nos corpos e os cartazes portados individualmente.

A inscrição corporal

As novas tecnologias da comunicação oferecem novas possibilidades aos enunciados aderentes inscritos no corpo. Todo indivíduo, todo grupo podem utilizar as redes sociais para se pôr em cena como sustentadores de tais enunciados. Por exemplo, a associação “Battling Bare”, que reúne mulheres de militares americanos vítimas de estresse pós-traumático egressos das guerras no Oriente Médio. Uma delas, Ashley Wise, escreveu com pincel atômico em suas costas um poema de amor:

> Despedaçado pela batalha / Ferido pela guerra / Te amo para sempre / A ti jurei: / Acalmarei os teus gritos silenciosos / Ajudarei a curar a tua alma destroçada / Até que outra vez, meu amor, estejas inteiro.

A imagem foi difundida na internet, e o procedimento foi replicado por outras mulheres. Encontramos vários exemplos no Facebook da associação[3].

Diferentemente de uma manifestação clássica, trata-se de fotos cuja reunião é feita na internet, para um público de internautas e não de espectadores fisicamente presentes. Deixar-se fotografar assim é marcar

---

3 https://www.facebook.com/pg/BattlingBARE/photos/?ref=page_internal (útimo acesso: 3Fev2020).

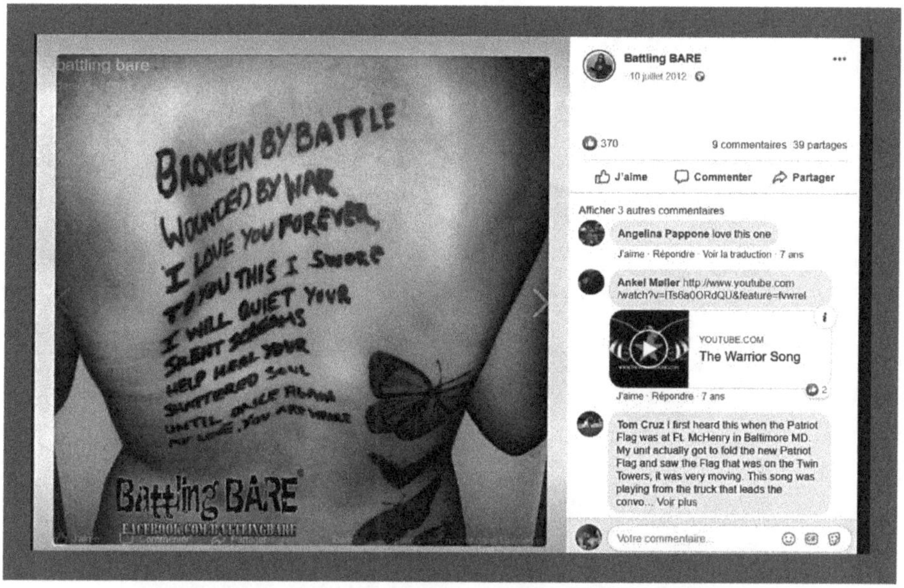

a própria pertinência ao grupo, mas em lugar de um ethos coletivo de palavra de ordem, temos um ethos lírico-amoroso na expressão de um poema. O caráter coletivo advém, em nível superior, do fato de o poema ser o mesmo para cada "eu" que se apropria dele, com a foto sendo inserida em uma *site* cuja responsabilidade é atribuída a uma comunidade que, pelo conjunto dos signos que difunde, exibe um ethos.

Para encontrar situações mais próximas das manifestações clássicas, podemos nos voltar para outras mulheres que recorrem às inscrições corporais, as militantes feministas "Femen", ativas especialmente na Europa[4]. Elas irrompem no espaço público ostentando enunciados pintados no peito nu. A isso se acrescentam gritos e enunciados em cartazes individuais erguidos nos braços, mais facilmente legíveis de longe. É o que mostra a foto a seguir[5], na qual se podem ler enunciados como "Deus, fora de minha vagina", "O aborto é sagrado", "Minha buceta, meus direitos"...

Não se veem multidões de simpatizantes em parada, mas um grupo estático, uma espécie de comando de militantes que prepararam cuidadosamente sua intervenção e se vestiram para o ato. O espetáculo — pois

---

4 Trata-se de um grupo fundado em Kiev, Ucrânia, em 2008, por três mulheres: Anna Hutsol, Oksana Chatchko e Alexandra Shevchenko. O grupo passou a ser internacionalmente conhecido por ações nas quais as manifestantes têm os seios nus e palavras de ordem escritas no corpo, para defender os direitos das mulheres.

5 Manifestação de 1º de fevereiro de 2014 contra a nova lei espanhola sobre o aborto.

(https: //www.shutterstock.com/fr/image-photo/paris-february-1-2014-topless-femen-175104386; último acesso: 15Out2019)

se trata justamente de um — destina-se, antes de mais, às mídias, que vão difundir as imagens pelo mundo todo (vejam: na foto, pode-se notar a presença de um cinegrafista de televisão exatamente atrás das mulheres). Esse aspecto é mais nítido ainda em outra intervenção das Femen (foto a seguir), no Palais Royal, em Paris, onde são denunciados os feminicídios praticados por seus companheiros. As militantes se distribuem sobre esculturas modernas, conhecidas pelo nome de "colunas de Buren". Nessa *performance*, elas bradam em uníssono a palavra de ordem: "Nenhuma, nunca mais!", como em uma manifestação clássica, mas esse modo de enunciação tradicional é apenas uma dimensão do espetáculo.

Blog oficial da organização: https://femen.org/a-pantheon-for-women//; último acesso: 3Fev2020.

O fato de as inscrições aderirem a corpos singulares não significa, antes o contrário, o apagamento do coletivo. No plano indumentar, as militantes Femen tendem a adotar um uniforme: seus peitos nus, mas também seu corte de cabelo e suas calças, *shorts*, saias ou colantes pretos. Os enunciados nos cartazes são palavras de ordem que poderiam figurar em uma faixa, mas são encontrados, idênticos, em todos os corpos. Desse modo, na primeira foto, "Minha buceta, meus direitos" aparece em duas mulheres e, em inglês, num cartaz exibido para o alto. Encontramos a sintaxe e o ethos reivindicatório típicos dos *slogans*, denunciando aqui as múltiplas injustiças das quais as mulheres seriam vítimas.

Há aqui claramente a vontade de jogar com os códigos da expressão política, e isso ressalta um ethos que transgride abertamente algumas convenções sociais, pelo conteúdo dos enunciados (por exemplo: "Deus nenhum em minha vagina" ou "Minha buceta, minha regra") e pelo próprio fato de mostrar publicamente um peito nu. Mais radicalmente, essa transgressão se manifesta na própria maneira com que esses grupos penetram o espaço público: elas o penetram por "efração", arrombando-o (Briand, 2018). Ali onde não são esperadas, elas irrompem para quebrar o isolamento de um espaço que consideram indevidamente apropriado pelos homens; mas esse ethos militante se mistura com um ethos de artista: "A manifestação ativista das Femen é uma *performance* ritual e espetacular" (Briand, 2018: 23), uma verdadeira coreografia, que transforma os que a veem em espectadores. Encontramos a fusão da estética com a ética, característica da Cena retórica, mas num quadro completamente distinto. Não se trata de um indivíduo carismático pretendendo reunir uma comunidade que se prolongue no passado, mas de um grupo que contesta violentamente uma ordem social julgada patriarcal. Quanto à dimensão estética, ela não está associada a um texto memorável, mas à espetacularização do corpo.

Para que esse ethos transgressivo, essa subversão do espaço político tradicional não descambem para a gratuidade da mera *performance*, é preciso que eles sejam legitimados por uma argumentação. Pode-se, por exemplo, como M.-A. Paveau, remeter a Judith Butler para ver ali uma maneira de virar contra os homens a exploração sexual do corpo feminino, segundo uma prática conhecida pelo nome de "virada" ou "reversão do estigma".

> Os corpos inscritos das Femen são construídos como sujeitos políticos falantes. Essa construção se realiza mediante um duplo deslocamento do corpo feminino: deslocamento do lugar prescrito à mulher, ucraniana de origem (lar ou bordel, segundo sua denúncia) e deslocamento da aparência externa prescrita à mulher (vestida para seduzir ou se esconder, ou desnudada segundo as exigências do olhar masculino). Por meio desse duplo deslocamento, elas usam essa potência de ação definida por Judith Butler: elas propõem uma redefinição semiótica do corpo das mulheres nas sociedades do século XXI, corpos que, doravante, seminus e adornados com coroas de flores, se fazem escritório e caixa de ressonância (https://penseedudiscours.hypotheses.org/11603; último acesso: 3Fev2020).

E assim se atualiza uma nova faceta do ethos das Femen: o da intelectual militante que produz signos a serem decifrados por um destinatário familiarizado com certas teorias.

O cartazete compartilhado

Agora vou evocar outro modo de aderência a um sustentador, o do cartazete individual compartilhado pela totalidade dos manifestantes. É o caso das numerosas manifestações ocorridas em torno do "Je suis Charlie" ou do "Je suis Paris". Essas aforizações foram difundidas em escala mundial depois do assassinato dos jornalistas do *Charlie Hebdo*, no dia 7 de janeiro de 2015 e depois dos massacres ocorridos em 13 de novembro de 2016. Foi o "Je suis Charlie" que impôs a formatação do enunciado: retangular, em letras maiúsculas brancas contra fundo preto. Vimos se formarem em várias cidades, e não apenas na França, manifestações como a registrada na foto a seguir:

Manifestação em Toulon (França), 10 de maio de 2015 – https://www.thecairoreview.com/essays/je-suis-charlie/; último acesso: 4Fev2020.

Não se trata de manifestações tradicionais, mas de agrupamentos estáticos que, como no caso das Femen, atraem as mídias para fazerem fotos e vídeos. Os participantes fazem pose, cooperam para produzir uma imagem marcante. Além disso, o ethos não é reivindicatório, orientado contra um adversário externo. O protesto é indireto, passa pela compaixão direta com as vítimas, mediante uma relação de identificação ("Eu sou X"). Busca-se a uniformidade; todos mostram exatamente o mesmo cartazete, da mesma maneira, o que dá corpo a um hiperenunciador cuja identidade se mantém fluida: a Tolerância, a Democracia, a Civilização, o Humanismo...

O próprio modo como os manifestantes portam esse enunciado é sintomático. Já analisamos dois modos de aderência: o da manifestação clássica, na qual os enunciados coletivos figuram em faixas portadas por vários indivíduos, e o da *performance* das Femen, na qual os enunciados estão inscritos no próprio corpo ou em grandes letras em cartazes erguidos acima das cabeças. No caso de "Je suis Paris" ou "Je suis Charlie", o enunciado se encontra não em um cartaz propriamente, mas em um cartazete de formato reduzido mantido contra o corpo indivíduo a indivíduo. O ethos não é mais o do militante que exibe ou grita suas palavras de ordem, mas o de um homem ou mulher que mostram silenciosamente um enunciado fundado em valores tidos como capazes de congregar todos os seres humanos de boa vontade, para além de todas as fronteiras.

Outra diferença relativamente às manifestações clássicas é que o agrupamento não é uma atividade autônoma, mas segunda, derivada de uma prática lincada às novas tecnologias. O retângulo preto e branco não foi concebido para esses ajuntamentos, mas se originou na internet, onde circulou intensamente, num formato que facilita sua difusão. Um coletivo de tipo muito específico já emergiu da própria circulação da aforização: para dele participar, basta mobilizar, por sua própria conta, o *Je* de "Je suis Charlie" ou "Je suis Paris". Assim se constrói uma comunidade em constante expansão e de fronteiras indefiníveis. Sua expansão foi facilitada pelo fato de o conteúdo ser especialmente fluido e consensual: basta rejeitar, por uma razão ou por outra, a ideologia que moveu os perpetradores do massacre. Uma solidariedade imediata, um sentimento de pertinência se criaram pela simples proliferação de um significante. Mas essa comunidade é "frágil": sua história é curta, não é endossada por uma instituição que a tivesse produzido, validado e regularizado seu uso, ela não define as relações entre um dentro e um fora. Para passar a integrá-la, basta mencionar a fórmula mostrando que se partilha seu ponto de vista. Em termos de ethos, há uma mudança significativa: entoar em voz alta uma palavra de ordem marchando com outros manifestantes é bem diferente de transferir com um clique de *mouse* uma imagem ou um *link* de internet para destinatários sob a forma de endereços eletrônicos.

Tudo se passa como se determinada quantidade de pessoas não se satisfizesse com pertencer a essa comunidade "frágil" e tivesse a necessidade de encarnar sua pertinência a uma multidão de carne e osso portando um enunciado aderente que, por sua uniformidade verbal e visual, lhes permite fazer corpo, reconstituir de maneira efêmera o quadro de um enunciado ritual. Quando os fiéis, durante uma missa, recitam juntos o "[Eu] Creio", a oração que sintetiza os artigos da fé católica, dizem o texto que justifica sua presença nesse lugar; o dêitico *eu* é, por natureza, eminentemente compartilhável: simultaneamente sempre o mesmo por seu significado e sempre diferente por sua referência. Os participantes de uma manifestação de "Je suis Charlie" mostram, num mesmo movimento, o mesmo enunciado aderente ao "eu" que justifica sua presença nessa manifestação.

Analisamos dois casos extremos: por um lado, as manifestações clássicas, por outro, agrupamentos de sustentadores de enunciados aderentes submetidos a outras lógicas. Existem diferenças mais sutis relativamente ao modelo clássico: atualmente, em grande número de manifestações, ao lado dos enunciados coletivos tradicionais escritos em faixas, proliferam os cartazetes individuais escritos com pincel atômico ou presos à roupa dos manifestantes. É como se os indivíduos não mais se satisfizessem em fazer parte de um ethos coletivo, mas tivessem necessidade de vestir e exibir enunciados possivelmente singulares, *seus* enunciados.

Foi, por exemplo, o caso na França, sob a presidência de Nicolas Sarkozy durante as manifestações estudantis de 2008 contra a reforma universitária, quando vários manifestantes pregaram um cartazete em suas roupas. Encontravam-se, por exemplo, cartazetes individuais como os seguintes:

> Manet Monet Money
> Non à la star'fac[6]
> Universitas delenda est[7]

Esse fenômeno pode explicar, parcialmente, o fato de os manifestantes mais motivados terem saído das faculdades de Letras dizendo defender os valores humanistas contra um retrocesso da universidade para o modelo empresarial. Seus enunciados aderentes, diferentemente das Femen, que são verdadeiras palavras de ordem compartilhadas, deveriam mostrar um ethos letrado. Como os cartazetes só eram legíveis pelos vizinhos imediatos de seu sustentador, o objetivo claramente não era transmitir a mensagem ao público, mas mostrar a si mesmo e a seus pares o ethos de alguém que é, ao mesmo tempo, culto, criativo e que despreza o dinheiro, opondo-se

[6] Trocadilho alusivo a um programa popular na televisão francesa ("Star Academy"), produzido pela rede privada TF1, acusada de estar interessada apenas em ganhar dinheiro com programas apelativos.

[7] Apropriação de uma frase latina célebre na Antiguidade atribuída a Catão e que significa: "Cartago tem de ser destruída". Apenas uma elite muito restrita podia entendê-la.

implicitamente ao antiethos atribuído ao governo. Desse modo, cada sustentador justificava sua presença *nessa* manifestação.

Contudo, tem-se aqui uma prática que encontramos em todas as espécies de manifestação, não apenas entre os estudantes de Letras, e ela deve ser interpretada contextualmente. Todavia, ela não é imune a riscos, pois pode se estabelecer uma divergência entre as palavras de ordem coletivas elaboradas pelas instituições organizadoras da manifestação e esses cartazetes individuais. Pode até acontecer de a balança pender para o outro lado, que as faixas coletivas rareiem, enquanto os enunciados presos às roupas se multipliquem. Foi o que se constatou na França em 2018-2019 com as manifestações dos "coletes amarelos". Isso nada tem de estranho em se tratando de um movimento que não estava ancorado em organizações e penava para estabelecer uma lista estável de reivindicações.

A manifestação clássica não se extingue, mas hoje compartilha o espaço público com outros tipos de agrupamento que jogam com suas normas apoiando-se sobre um terceiro invisível e essencial: as mídias, na acepção mais ampla, aí incluídos os telefones celulares cujas fotos alimentam, em fluxo contínuo, as redes sociais. Midiatização e individualização vão de mãos dadas: o enunciado singular confere visibilidade ao indivíduo singular que o assume. Mas todos esses agrupamentos militantes são cada vez mais endossados por outros, para os quais a própria noção de agrupamento é inadequada: os agregados inapreensíveis de internautas aos quais eles estão conectados.

III

Para além do texto: a parte das coisas

7

Uma oração em seu lugar

Até agora, nos confrontamos com ethos fortemente centrados nos textos. A razão para isso é simples: abordamos, sobretudo, enunciados escritos. Mas o escrito é apenas uma das modalidades da comunicação. O capítulo anterior também nos permitiu entrever que a questão do ethos podia ser abordada em termos muito diferentes, de acordo com o ambiente material no qual a enunciação intervém. Neste capítulo e nos dois seguintes, tomarei essa direção: ressaltar a que ponto esse ambiente dá forma ao ethos. Falando francamente, o próprio termo "ambiente" — assim como o termo "contexto" — é enganador: a enunciação não surge *em* um cenário, ela não é cercada por realidades não verbais, mas é preciso articular, já de saída, o verbal e o não verbal, como a própria noção de gênero de discurso nos anima a fazer.

Do *Confiteor* ao "[Eu] Confesso a Deus"

Os enunciados inscritos nos rituais raramente são estudados pelos analistas do discurso. Realmente, eles não são o produto de enunciações singulares referidas a locutores singulares; seu significante estável, indefinidamente repetido pela multidão de fiéis, não tem outro autor senão a instituição que lhes confere sua autoridade. Quando são estudados, é sobretudo por conta de suas propriedades textuais e pragmáticas[1]. Abordarei aqui a questão sob um ângulo um tanto diferente, relacionando o ethos implicado pela recitação de uma oração a determinada organização do espaço. Os rituais têm isso de notável: associar estreitamente os enunciados a elementos não verbais de ordens em tudo diversas: os paramentos, a atitude, a distância entre os participantes, os objetos etc.

Para analisar melhor a relação entre a oração e esses outros elementos, vou fixar minha atenção em um momento crítico, a transformação simultânea do texto e do ambiente de sua recitação. Todos os tipos de instituição, para perdurar, reescrevem periodicamente seus textos de referência. Mas, para o discurso religioso, e o catolicismo em particular, os desafios podem ser consideráveis: mesmo que as orações, em geral, não sejam textos revelados, e sim enunciados produzidos pela Igreja, elas tendem a ser sacralizadas pelos fiéis, sobretudo quando pertencem a um ritual plurissecular. Logo, não se pode reescrevê-las como se nada fora, mas apenas em circunstâncias classificadas de extraordinárias.

A oração que vai nos interessar aqui é a confissão dos pecados, cuja recitação tem lugar na primeira parte da missa, depois do rito de entrada e da saudação do celebrante. Essa oração pode ser recitada em outras circunstâncias, mas é no quadro da missa que a grande maioria dos fiéis entra regularmente em contato com ela e a aprendem. O fato de ser uma componente da prática central do catolicismo que é a missa lhe confere um estatuto privilegiado: cada uma de suas palavras foi cuidadosamente ponderada pelos clérigos encarregados dos rituais. Em 1969, como consequência do Concílio Vaticano II, a Igreja a modificou em numerosos pontos, sendo a mudança mais visível a passagem do latim para as línguas vernáculas. O que era um *Confiteor* passou a ser um "[Eu] Confesso a Deus". Contudo, oficialmente, ele continua a ser a mesmíssima oração: a Igreja pretende manter-se fiel a um "espírito" original, mesmo quando decide levar em conta as evoluções da sociedade. Um mesmo hiperenunciador (Maingueneau, 2004), no caso, o Espírito Santo, é considerado o animador dos textos que a Igreja produz no decorrer dos séculos. O problema é que essas "evoluções" da sociedade não são fatos: sua existência e

[1] Sobre a ladainha, por exemplo, ver Rabatel (2015).

sua caracterização repousam sobre interpretações quase nunca unânimes. A estabilização do novo texto resulta, então, de trabalhosas negociações entre diversos posicionamentos no interior dos grupos responsáveis pelo trabalho de atualização dos rituais.

A partir de 1969, o texto passou a ser o seguinte:

> [Eu] Confesso a Deus Todo-Poderoso e a vós, irmãos, que pequei muitas vezes, por pensamentos e palavras, atos e omissões, por minha culpa, minha tão grande culpa. E peço à Virgem Maria, aos Anjos e Santos, e a vós, irmãos, que rogueis por mim a Deus, Nosso Senhor.

De fato, esse texto provém de uma reescrita, não do *Confiteor*[2], mas de sua tradução oficial para o ritual anterior, fixado pelo missal do papa Pio V (1570).

No quadro a seguir, indico em negrito o que foi suprimido e, em maiúsculas, o que foi acrescentado à tradução do texto latino.

Tradução anterior do *Confiteor*	"[Eu] Confesso a Deus" atual
Eu confesso a Deus Todo-Poderoso, [**à Bem-Aventurada sempre Virgem Maria, a São Miguel Arcanjo, a São João Batista, aos Santos Apóstolos Pedro e Paulo, a todos os Santos, e a vós, meu Padre**], que eu [**muito**] pequei, por pensamentos, por palavras e por ações [**por minha culpa, por minha culpa, minha tão grande culpa**]. Por isso rogo à [**Bem-Aventurada**] VIRGEM Maria [**sempre Virgem, São Miguel Arcanjo, São João Batista, os Santos Apóstolos Pedro e Paulo**], todos os Santos e a vós [**meu Padre**] que rogueis por mim a Deus, Nosso Senhor.	"[Eu] Confesso a Deus Todo-Poderoso, E A VÓS, IRMÃOS, que pequei muitas vezes por pensamentos e palavras, atos E OMISSÕES. POR MINHA CULPA, MINHA CULPA, MINHA TÃO GRANDE CULPA. E peço à Virgem Maria, AOS ANJOS E santos, e a vós, IRMÃOS, que rogueis por mim a Deus, Nosso Senhor."

O desaparecimento do latim, substituído pelo português brasileiro, por exemplo, é tomado no movimento geral de promoção das línguas vernáculas pelo Concílio Vaticano II. Nos anos 1960-1970, essa reforma suscitou intensos debates. De fato, além do latim, eram o estatuto da

---

[2] O texto latino é o seguinte: "Confíteor Deo omnipoténti, beátæ Maríæ semper Vírgini, beáto Michaéli Archângelo, beáto Ioánni Baptístæ, sanctis Apóstolis Petro et Paulo, ómnibus Sanctis, et tibi, pater, quia peccávi nimis cogitatióne, verbo et ópere: mea culpa, mea culpa, mea máxima culpa. Ideo precor beátam Maríam semper Vírginem, beátum Michaélem Archângelum, beátum Ioánnem Baptistam, sanctos Apóstolos Petrum et Paulum, omnes Sanctos, et te, pater, oráre pro me ad Dóminum Deum nostrum".

instituição e a concepção da religião que estavam em jogo. O latim era, ao mesmo tempo, a língua oficial da Igreja e uma língua morta que, pouco ou nada entendida pela grande maioria dos fiéis, estava reservada aos rituais religiosos. O apagamento do latim também estava ligado a transformações doutrinais profundas: quando se passa para o português, o ator central doravante não é mais a Igreja, mas os fiéis, que devem se apropriar dos enunciados que recitam: espera-se que eles passem a *dizer*, não mais a *recitar*. Trata-se, em termos de ethos, de um deslocamento significativo: o enunciador não é um católico proferindo um enunciado escrito na língua da Igreja, mas um locutor que assume, em caráter pessoal, aquilo que diz.

O "[Eu] Confesso a Deus" é nitidamente mais curto que a tradução do *Confiteor*. Os nomes próprios dos intercessores (a Virgem, o Arcanjo São Miguel e distintos outros santos) foram eliminados do início do texto. Além disso, fez-se desaparecer o padre ("meu padre") da lista daqueles a quem se confessam os próprios pecados. "Irmãos" assumiu seu lugar: "E a vós, irmãos". O apagamento dos intercessores divinos e do padre em proveito dos "irmãos" vai claramente no mesmo sentido do recurso ao vernáculo em cada local, à língua dos "irmãos". Diferentemente do *Confiteor*, que não se dirigia aos demais fiéis, o "[Eu] Confesso a Deus" implica diretamente a "comunidade cristã", termo que, significativamente, tende nessa época a substituir o termo "paróquia", derivado de uma divisão puramente institucional.

Na realidade, os "irmãos" não substituem pura e simplesmente o padre. O texto original situa o padre na lista dos actantes aos quais o fiel se confessa; mas como, de um ponto de vista dogmático, a confissão não pode ser feita a um simples fiel, os redatores franceses introduziram um novo verbo ilocutório, ausente do "[Eu] Confesso a Deus" brasileiro: "Je reconnais (Eu reconheço)". Procedendo assim, eles suprimiram a referência ao sacramento da confissão, regulado unicamente pela Igreja, em favor de um arrependimento pessoal, sem relação com o sacramento e tudo o que ele implica: a existência de um padre confessor, de um móvel especial (o confessionário), de uma prática cuidadosamente controlada: com seus horários, fórmulas, listas de pecados estipulados nos missais.

Uma "desestetização"

Acima, distingui "dizer" de "recitar". Essa distinção se manifesta na organização do texto. Realmente constatamos que o "[Eu] Confesso a Deus" não transpõe os elementos do *Confiteor* decorrentes da "função poética" jakobsoniana, particularmente as repetições. No entanto, eles são numerosos no *Confiteor*: sob forma de enumeração, ou em quiasma (é o caso, por exemplo, de "sanctis" e "sanctos").

> "Confíteor Deo omnipoténti,
> — *beatæ* Maríæ semper Vírgini,
> — *beáto* Michaéli Archângelo,
> — *beáto* Ioánni Baptístæ,
> *sanctis* Apóstolis Petro et Paulo,
> ómnibus *Sanctis*,
> et tibi, pater,
> quia peccávi nimis *cogitatióne,*
>
> *verbo*
> *et ópere*
>
> *mea culpa,*
> *mea culpa,*
> *mea* máxima *culpa*
>
> Ideo precor
> — *beátam* Maríam semper Vírginem,
> — *beátum* Michaélem Archângelum,
> — *beátum* Ioánnem Baptistam,
> *sanctos* Apóstolos Petrum et Paulum,
> omnes *Sanctos*...

Essas repetições lexicais e sintáticas são reforçadas pelo caráter dos casos da língua latina, que provoca a reiteração das marcas morfológicas no final da palavra. Isso fica evidente, por exemplo, nas três últimas palavras: *DóminUM DeUM nostrUM*.

Para a Igreja da Contrarreforma, a dimensão estética dos textos litúrgicos latinos nada tem de acessória. As diversas iniciativas de reforma do breviário romano promovidas depois do Concílio de Trento, em grande parte, foram motivadas pelo cuidado em corrigir supostos erros de prosódia e de métrica latinas. A última grande reforma desse breviário, a de Urbano VIII, em 1632, concentrou-se exatamente na correção dos hinos latinos (952 sílabas corrigidas em menos de 1.800 versos)[3]. No mundo onde o *Confiteor* era recitado, a tradução proposta pelos missais em vernáculo apresentava-se como puramente auxiliar: literal e pouco literária, ela contrastava com a qualidade estética do texto de pleno direito, o latino. Essa estetização era enfatizada em alguns missais pelo acréscimo de barras dividindo o texto. É o caso, por exemplo, no *Missal vesperal romano* (*cotidiano*)[4] publicado alguns anos antes do Concílio Vaticano II:

> Confíteor Deo omnipoténti, / beátæ Maríæ semper Vírgini,/ beáto Michaéli Archângelo, / beáto Ioánni Baptístæ, / sanctis Apóstolis Petro et Paulo, / ómnibus Sanctis, et tibi, pater, / quia peccávi nimis cogitatióne, verbo et ópere: / mea culpa, mea culpa, mea máxima culpa. / Ideo precor beátam Maríam semper Vírginem, / beátum Michaélem Archângelum, beátum Ioánnem Baptistam, / sanctos Apóstolos Petrum et Paulum,/ omnes Sanctos, et te, pater, / oráre pro me ad Dóminum Deum nostrum[5].

A indicação dos acentos tônicos das palavras latinas e a inserção de barras de escansão deviam ajudar os fiéis pouco familiarizados com o latim a produzir uma recitação conforme a um cânon estético. Mas esses refinamentos estavam reservados, sobretudo, aos missais destinados a uma elite.

A forte estetização do texto do *Confiteor* faz com que ele se apresente como, ao mesmo tempo, uma confissão de culpabilidade e um belo texto dirigido a Deus: uma oração que diz, simultaneamente, a desordem trazida pelo pecado e restitui um universo ordenado e harmonioso, um cosmos. A oração se eleva a Deus seguindo um caminho hierárquico, como nos muitos quadros inspirados pela Contrarreforma, onde o olhar sobe dos homens para os santos, os anjos, a Virgem, antes de chegar a Deus, no ápice. Tratava-se de integrar o cristão no cosmos criado por Deus e, de algum modo, encarnado na arquitetura dos lugares de culto, na liturgia e, para além disso, na Igreja como Ordem a serviço da Ordem

---

3 Sobre as reformas do breviário, ver Battifol (1895).

4 Seu autor é um monge beneditino, Dom Gaspar Lefebvre Bruges, Apostolat liturgique Abbaye de Saint-André, et Paris, Société liturgique, 1947.

5 *Op. cit.*, p. 734.

do Mundo. Nesse sentido, é revelador que o texto latino seja construído sobre um círculo: de Deus ("Deo") a Deus ("Dominum Deus nostrum"). Desde as primeiras palavras, através de uma longa série de complementos verbais no dativo, a oração ativa uma hierarquia de ordem ontológica, retomada ao final do texto. O objetivo não é apenas confessar que se é pecador, mas integrar os recitantes numa Ordem que lhes atribui seu lugar, depois da Virgem, do Arcanjo São Miguel, de São João Batista, de São Pedro e São Paulo, dos santos, do padre. Uma hierarquia marcada pelos atributos associados a diversos actantes: Deus, no ponto mais alto, é qualificado de "Todo-Poderoso". Depois, uma distinção se faz entre os "Bem-Aventurados (*beati*) (a Virgem, o Arcanjo São Miguel) e os santos (*sancti*).

Entre as repetições estruturantes do texto latino, há uma de estatuto particular, pois se trata da reiteração do mesmo significante: "mea culpa, mea culpa, mea maxima culpa" ("por minha culpa, minha culpa, minha tão grande culpa"). Ela desaparece na nova versão francesa, que traz: "Oui, j'ai vraiment péché" ("Sim, pequei realmente"). Essa mudança traz consequências para a organização do texto, sintomáticas de seu novo estatuto pragmático. A composição do texto do *Confiteor* conferia um papel privilegiado a essa fórmula, que encerra a primeira parte e foi mantida em português. É "ideo", o único conector argumentativo do texto, que marcava de maneira clara o início da segunda parte que, como vimos, se concluía com um retorno à série de intercessores invocados no início. O "[Eu] Confesso a Deus" tende a suprimir essa composição circular do *Confiteor*, dando prioridade a um texto linear. A introdução do "Sim, pequei realmente" da versão francesa reforça a coesão textual, com o "sim" confirmando a pertinência da afirmativa anterior. Esse reforço da coesão é feito, ainda na versão francesa, graças a "c'est pourquoi" ("por isso"): é por ter pecado que o fiel suplica. Esse cuidado de assegurar uma coesão textual forte é a consequência da transformação do tipo de textualidade: a partir do momento em que a dimensão poética se apaga, são os elos lógicos que se tornam primordiais.

O desaparecimento dessa fórmula também incide sobre o ethos. No *Confiteor*, o ritmo ternário do latim e a repetição amplificadora são associados a uma gestualidade: o fiel bate no peito três vezes, em postura de humildade e arrependimento. Enquanto o "Sim, pequei realmente" é apenas um elo numa cadeia textual compacta, o "mea culpa, mea culpa, mea maxima culpa" tem tudo de uma fórmula inseparável de um envolvimento teatral de todo o corpo. Esse envolvimento desaparece do "[Eu] Confesso a Deus" em favor de dois marcadores de reforço da asserção: "sim" e "realmente". O gesto teatral de arrependimento em latim, que introduz o terceiro de uma instituição multissecular, é substituído por uma modalização feita para mostrar a adesão de um Sujeito que exprime seu sentimento interior em sua própria língua.

O "eu" participativo

Ainda não enfatizei uma propriedade comum às duas versões da oração: a enunciação iniciada com "eu" é, ao mesmo tempo, individual e coletiva, dado que todos a recitam a uma só voz. Trata-se de um *Eu* que podemos chamar de "participativo", simultaneamente pessoal e intercambiável. Encontramos aqui uma característica de algumas enunciações das manifestações evocadas no capítulo anterior. A manifestação clássica recorre apenas marginalmente ao "eu"; em contrapartida, *performances* como as das Femen ("Meu corpo é minha liberdade"...) ou os agrupamentos em torno do "Je suis Paris" ou "Je suis Charlie" implicam esse "eu" de forma crucial. Idealmente, nesse dispositivo enunciativo, cada qual diz aquilo que qualquer outro membro do grupo poderia e deveria dizer.

No caso de uma oração coletiva começando com "eu", cada fiel ouve a própria voz de pecador no interior de uma Voz amplificada resultante da fusão das recitações. Essa sincronização só é possível porque existe uma linha prosódica e uma divisão das unidades sintáticas rotinizadas, um ethos discursivo padrão ao qual os locutores se conformam espontaneamente. O *Eu* do "[Eu] Confesso a Deus" remete a indivíduos distintos, unificando-os por seu pertencimento a uma mesma categoria, a dos pecadores, que se reconhecem como tais ao se apropriarem de um *Eu* que é o mesmo para todos.

Na realidade, esse *Eu* é capaz de assumir dois valores: nas fórmulas de valor ilocutório tais como "[Eu] Confesso a Deus", "Eu reconheço diante de meus irmãos", "Eu suplico à Virgem Maria", ele marca a coincidência entre o enunciador enquanto enunciador [o "locutor-L" de Ducrot (1984)] e o indivíduo considerado fora da enunciação. Em contrapartida, o *Eu* de "eu pequei" refere-se ao indivíduo considerado independentemente de sua enunciação, o ser do mundo (o "Locutor-λ" de Ducrot). Cada um cometeu seus próprios pecados, mas todos os pecadores do coletivo são substituíveis por meio do ato de sua confissão. Cada fiel ouve a voz coletiva de que participa, a de um "nós" que emerge da convergência dos *Eus*. A aparição discreta de um "nosso Deus" ao final da oração permite reuni-los na comunidade dos filhos de Deus, que abarca os fiéis presentes ao ofício sagrado, mas também o conjunto daqueles que, vivos e mortos, compartilham essa fé através do tempo e do espaço.

Quando falamos de ethos, pensamos imediatamente em um locutor que influencia os demais em uma interação singular. Em um enunciado integrado a um ritual, a enunciação se dirige a diversos actantes espirituais, presentes, mas invisíveis, e aos "irmãos" ou ao "padre", presentes e visíveis. Mas ela também se dirige ao Destinador, que é a instituição que estabeleceu o texto e organiza o conjunto do ritual, definindo os actantes pertinentes e prescrevendo como relacioná-los. Cada qual deve mostrar, mediante a própria enunciação, conformidade com o lugar a si assinalado. Se ele disser as palavras exatas, se as disser de maneira correta, se manifestar seu arrependimento por sua atitude global, se ajustar a própria voz à Voz coletiva, demonstrará pertencer plenamente à Igreja, que é um verdadeiro "fiel", nas duas acepções da palavra: fiel seguidor das regras e fiel aderente a seus valores (o "fiel" se define por sua "fides", por sua confiança na instituição).

Cada um tem seus próprios pecados, sua própria existência, mas a instituição e a recitação da oração atenuam as diferenças para manifestar a pertinência a um "nós", ele mesmo integrado numa ordem da qual a Igreja é a fiadora, ela que fixa previamente o conjunto do ritual onde figura essa oração e que atribui a cada um o mesmo lugar de "pecador". O ethos penitente individual se mescla, assim, ao ethos de todo aquele que se mostre membro de certa comunidade de convicção. Mas contra esse fundo comum, podem se destacar diferenças consideráveis. No mundo do *Confiteor*, a relação entre essas duas facetas do ethos, individual e coletiva, era mediada por uma Igreja onipresente no enunciado e nas modalidades da enunciação. Com o "[Eu] Confesso a Deus", essa relação se torna mais problemática: tudo passa a depender, efetivamente, da extensão da comunidade designada pelo grupo nominal "meus irmãos".

Um novo espaço litúrgico

Contudo, não podemos nos restringir à dimensão propriamente verbal da enunciação. A passagem para o "[Eu] Confesso a Deus" é efetivamente indissociável de uma reorganização do espaço litúrgico. Nos lugares de culto onde se recitava o *Confiteor*, o altar ficava no fundo do coro e o padre oficiante mantinha-se de costas para os fiéis, longe dele: ele se dirigia a Deus, virado para o Oriente: o sol levante é considerado o símbolo do Cristo ressuscitado. É o que mostra a foto a seguir, de uma missa celebrada segundo o rito anterior ao Vaticano II numa igreja barroca, cuja arquitetura está em harmonia com o universo da Contrarreforma. Podemos notar que o padre oficia diante de uma representação da Imaculada Conceição em majestade: ela porta uma coroa real e pousa os pés sobre o globo terrestre. Aqui, o dispositivo de intercessão implicado pelo *Confiteor* se encarna no cenário.

Missa da Imaculada Conceição, celebrada na Basílica de Nossa Senhora, Friburgo (Suíça), segunda-feira, 8 de dezembro de 2014 (www.youtube.com/watch?v=-3P_hv0Qasl; último acesso: 4Fev2020).

Essa organização do espaço litúrgico está vinculada a determinada distribuição de papéis: o padre se situa à frente, só, como o pastor que guia seu rebanho rumo à salvação. A posição de mediador também conferida ao padre se manifestava, como vimos, no plano textual do *Confiteor*, no qual os fiéis confessam seus pecados a uma série hierarquizada de actantes, que vai do mais elevado ao menos elevado, de Deus ao padre, que desempenha um papel de mediador: ele compartilha o mundo terrestre com os fiéis, mas se encontra em contato com o mundo sobrenatural, do qual participa pelo poder de consagrar a Eucaristia e de perdoar os pecados.

O novo altar, por sua vez, não está mais no fundo do coro, mas perto dos fiéis. O padre celebra diante deles, não dando-lhes as costas. Na fotografia a seguir, vemos o antigo altar ao fundo, não mais utilizado, e o novo.

Entrada do *site* "Igreja Católica em Ille-et-Vilaine, Diocese de Rennes, Dol et Saint-Malo" (https://rennes.catholique.fr/guide/messes/; último acesso: 4Fev2020).

Essa mudança do altar se fez acompanhar de drástica redução da ornamentação. O altar anterior, luxuoso e teatral, apresentava-se como um lugar de relacionamento com Deus. Depois do Vaticano II, ele se viu frequentemente reduzido a uma simples mesa: pertence ao mundo humano, compartilhado pelo celebrante e pelos fiéis, todos "irmãos". Essa recategorização implícita do altar como mesa permite estabelecer um vínculo com a cena validada homônima que funda o ritual da missa, a saber, a Ceia, refeição na qual o Cristo instituiu a Eucaristia.

A redução da ornamentação também se manifesta nos paramentos dos oficiantes. Como o mostra a fotografia da missa segundo o rito de Pio

V, no ritual anterior, o padre se recobria com uma casula rígida, ricamente ornamentada e cuja cor varia segundo o calendário litúrgico e a natureza da cerimônia. Em contrapartida, no mundo do "[Eu] Confesso a Deus", o padre porta uma espécie de casula muito simples que se adapta ao corpo e cujo corte remete a um imaginário antigo. Em termos de ethos, a consequência é imediata: o oficiante do rito em latim é um clérigo, e a Igreja fala através de ricos paramentos reservados aos rituais. O oficiante pós-Vaticano II elude as mediações institucionais para reatualizar a simplicidade original do Cristo por ocasião da Ceia.

Correlativamente, o ethos de um fiel que recita o *Confiteor* não pode ser o mesmo ethos implicado pelo "[Eu] Confesso a Deus". No primeiro caso, o ethos inscrito numa Tradição, numa instituição e numa ordem do mundo que integram natureza e sobrenatureza: um ethos solene, teatral, no qual cada corpo individual é assumido pelo corpo da instituição, mediante o qual participa de um ritual que não mascara sua ritualidade. No segundo caso, os predicados morais (sinceridade, autenticidade, sentimento de culpabilidade...) o levam para a dimensão cósmica: a enunciação é assumida por uma consciência individual que fala em seu nome a seus irmãos, sob o olhar de Deus.

A presença do altar antigo e, mais amplamente, o fato de a missa ter lugar num edifício concebido para um mundo no qual se recitava o *Confiteor* não deixam de complicar o modo como se pode conceber a relação entre o enunciado e seu ambiente material. A noção de gênero de discurso implica normas em matéria de localização da atividade verbal. A ausência de norma a esse respeito também é uma norma: uma reunião de condôminos de um imóvel pode ocorrer em qualquer sala; isso não altera seu estatuto de reunião de condôminos. O mesmo não acontece com os gêneros fortemente institucionais: um processo é movido no tribunal, uma defesa de tese se faz num ambiente acadêmico. Contudo, mesmo nesse caso, uma exceção é sempre possível, desde que as circunstâncias sejam excepcionais e a instituição legitime oficialmente o desvio da norma. No que diz respeito às mudanças litúrgicas produzidas pelo Vaticano II, a situação é muito menos simples. Os fiéis se encontram para participar de um ritual num espaço concebido para outro tipo de ritual; a tensão entre os dois é permanente e dificilmente solucionável: desertar das igrejas tradicionais significaria recusar a permanência do hiperenunciado que, ao longo dos séculos, é tido como aquele que sustém a identidade da instituição.

Essa tensão entre o antigo e o novo espaço litúrgico está, ela mesma, submetida a interpretação. No momento do Vaticano II e nos anos seguintes, uma visão historicista permitia pensar sua coexistência: o altar no fundo do coro e o ritual em latim pertenciam a um mundo antigo, destinado a desaparecer. Os promotores da nova liturgia não eram chamados de "progressistas" sem motivo. Mas, com o pós-modernismo do fim das "grandes narrativas", a diferença entre o antigo e o novo progressivamente perdeu sua evidência. Essa interferência vai desembocar, no início do século XXI, numa tentativa de reinterpretação de sua relação pelo papa Bento XVI. Num *motu proprio*[6] intitulado *Summorum Pontificum — sobre o uso da liturgia romana anterior à reforma de 1970* e na carta aos bispos que o acompanha (7 de julho de 2007)[7], ele registra dificuldades enfrentadas pela interpretação historicista.

> Imediatamente depois do Concílio Vaticano II, podia-se supor que a demanda pelo uso do Missal de 1962 teria ficado limitada à geração mais idosa, aquela que crescera com ele, mas, entrementes, ficou claro que pessoas jovens descobriam igualmente essa forma litúrgica, sentiam-se atraídas por ela e nela descobriam uma forma de encontro com o mistério da Santíssima Eucaristia que lhes convinha particularmente. Foi assim que nasceu a necessidade de um regulamento jurídico mais claro ("Carta apostólica").

Esse diagnóstico leva a estabelecer uma distinção entre uma "forma ordinária" da liturgia, a do missal de 1969, e uma "forma extraordinária" (no sentido de inabitual), a do rito anterior.

> Não convém falar dessas duas versões do Missal Romano como se se tratasse de "dois Ritos". Trata-se, sobretudo, de um duplo uso do único e mesmo Rito [...]. Não há a menor contradição entre uma e outra edição do *Missale Romanum*. A história da liturgia é feita de crescimento e de progresso, jamais de ruptura. O que era sagrado para as gerações precedentes permanece grande e sagrado para nós e não pode, de repente, ver-se totalmente proibido, ou considerado nefasto. É bom para todos nós conservar as riquezas que cresceram na fé e na oração da Igreja e dar-lhes seu justo lugar.

---

6 Um *motu proprio* é uma bula pontifícia, ou uma carta apostólica, expedida pelo papa por iniciativa própria e dirigida ao conjunto da Igreja, a uma Igreja local ou a um grupo particular.

7 Encontraremos essa carta no *site* do Vaticano: http://w2.vatican.va/content/benedict-xvi/fr/letters/2007/documents/hf_ben-xvi_let_20070707_lettera-vescovi.html (último acesso: 5Fev2020).

De maneira performativa, ele afirma que os dois missais e, portanto, o *Confiteor* e o "[Eu] Confesso a Deus" são, em um nível superior, a mesma oração. Em outros termos, o mesmo lugar — no caso — uma igreja, pode ser legitimamente investido de duas maneiras. O problema é que esse "Rito" maiúsculo evocado pelo texto é uma entidade à qual não se associa nenhum significante: ele pertence a um universo que transcenderia a diversidade das inscrições sociais e históricas das práticas religiosas, que ignorariam a diferença entre um altar adornado situado no fundo do coro e uma mesa despojada posta no meio da igreja, entre o ethos de um católico que confessa seus pecados em latim a intercessores sobrenaturais e o ethos de um cristão que exprime em sua língua materna seu arrependimento diante de Deus e de seus irmãos.

8

Agenciamentos e ethos editorial

Cenografia e agenciamento

A passagem do *Confiteor* ao "[Eu] Confesso a Deus" me levou a considerar elementos que não derivam do registro verbal, especialmente o espaço litúrgico e os objetos associados à realização do ritual. Encontramos aqui o sentido que o termo "cenografia" tem no teatro: "Arte e estudo da organização, do agenciamento da cena (cenário, material etc.)" (*Trésor de la langue française*). Para evitar confusão, utilizarei aqui o termo *agenciamento* e reservarei, como o fiz até aqui, o termo *cenografia* à encenação da enunciação constituída pela fala.

Todavia, agenciamentos e cenografias não são independentes uns das outras, pois um agenciamento restringe de maneira mais ou menos forte as cenografias que podem ser desenvolvidas a partir dele. Vemos bom exemplo disso quando comparamos dois gêneros de comentário da Bíblia (ver acima, p. 20s.). Sentar um locutor atrás de uma escrivaninha diante dos telespectadores é um agenciamento que favorece uma cenografia, logo, um ethos, de tipo de didático. Em contrapartida, um agenciamento que mascara o cenário da enunciação e o corpo do locutor — como no caso do comentário radiofônico monologal — favorece uma cenografia de tipo meditativo. Se o diretor de uma empresa *hightech*, ao fazer uma apresentação, fala imóvel atrás de um púlpito com um microfone, isso favorece um ethos institucional; falar se deslocando na cena com um microfone de lapela favorece um ethos mais descontraído.

Ainda falta determinar se determinado agenciamento deriva ou não da cena genérica. No caso dos textos que, como o "[Eu] Confesso a Deus", pertencem a rituais religiosos, o agenciamento é parte integrante da cena genérica. Trata-se, com efeito, de enunciados cujo significado e cujas circunstâncias — os objetos, o momento e o lugar — apropriados para sua recitação não são deixados à iniciativa dos participantes, mas fixados pela instituição e sacralizados pela tradição. Contudo, se levarmos em conta, por exemplo, os debates eleitorais organizados pelas redes de televisão por ocasião das campanhas políticas, as coisas surgem sob outra luz. Esses debates podem ocorrer segundo agenciamentos muito variados: os locutores podem se dirigir a um público presente ou diretamente aos telespectadores, podem se exprimir usando um púlpito, estar um diante do outro, sentados a uma mesa, de pé, sentados, falar um em sequência do outro, ou em diálogo etc. Vamos, então, considerar que a cada agenciamento corresponde uma cena genérica distinta? Isso é difícil: parece inadequado pensar que dois debates eleitorais em duas redes de televisão distintas sejam dois gêneros distintos. Mas dizer que se trata da mesma cena genérica equivale a admitir que parte das restrições do gênero de discurso permanece indeterminada e que cabe aos responsáveis pelos programas — e não aos locutores que participam do debate — mesmo que eles, às vezes, possam negociar alguns de seus aspectos — determinar seu agenciamento.

Os diversos componentes da cena de enunciação não mobilizam, com efeito, os mesmos tipos de agentes. Os agenciamentos, acabamos de vê-lo, são produzidos por uma ou várias categorias de profissionais. No caso da cena genérica, podemos facilmente falar de agentes; trata-se de uma instituição de fala estabilizada, rotinizada. Certamente, podemos, às vezes, remontar a uma primeira ocorrência, mas ela só se transformou em cena genérica por sua repetição posterior por outros indivíduos. Quanto à cenografia, ela é da responsabilidade dos locutores, que eventualmente se apoiam em conselhos de outros intervenientes. O ethos, então, não é restringido apenas por uma instituição e/ou uma tradição (cena genérica), ou especificado por um locutor (cenografia): ele implica ainda mediadores menos visíveis, que poderíamos chamar de "agenciadores" e cuja função é exatamente configurar agenciamentos.

Distingui os casos nos quais o agenciamento é imposto pela cena genérica dos casos em que não o é por ser variável; por exemplo, em programas de televisão. Na realidade, a fronteira entre as duas categorias é quase sempre instável, e essa instabilidade diz algo sobre a instituição da qual decorre a cena de enunciação em questão. Um professor de ensino médio que entra em sala para dar sua disciplina se vê confrontado com determinado agenciamento, que vai condicionar seu ethos discursivo e o conjunto de seu comportamento. Na França, durante muito tempo, esse agenciamento era praticamente impossível de modificar: as carteiras dos alunos eram quase irremovíveis por conta de sua forma e peso, e o professor ocupava uma mesa sobre um estrado inamovível situado logo ao lado do quadro negro. É o que vemos na imagem a seguir.

Disponível em: http://espace-formation.org/naissance/; último acesso: 5Fev2020.

Suponhamos que nosso professor queira modificar as posições das carteiras para tornar sua aula mais interativa, desenvolver uma cenografia mais amigável. No antigo agenciamento, um desígnio desses dificilmente poderia se tornar realidade: o professor estava preso a determinado papel. Hoje, tal reorganização do espaço é materialmente possível: não existe mais estrado, as carteiras são leves e as carteiras são individuais na maioria das escolas.

Disponível em: https://commons.wikimedia.org/wiki/File: Salle_de_classe_lfc01.jpg?uselang=fr; último acesso: 5Fev2020.

Estamos tratando aqui de um agenciamento que parece ter integrado a possibilidade de ele mesmo ser modificável. A própria instituição não tem seus agenciamentos na conta de inamovíveis, e o ethos professoral parece flexível. Contudo, isso não impede a existência de um agenciamento padrão, aquele da foto: as carteiras todas orientadas para o professor e o quadro.

Mas o agenciamento não pode restringir totalmente a cenografia. Pode haver tensão entre os dois no conjunto da atividade discursiva, ou num momento apenas. Como exemplo, podemos citar o debate "entre os dois turnos" da eleição presidencial francesa, que opôs, no dia 2 de maio de 2012, o presidente em final de mandato, Nicolas Sarkozy, e o socialista François Hollande. Como o mostra a imagem a seguir[1], o agenciamento instalado pela rede de televisão favorecia claramente um

[1] Disponível em: https://www.franceinter.fr/politique/les-debats-presidentiels-des-moments-qui-ont--fait-basculer-ou-non-l-election; publicado em 3 de maio de 2017; último acesso: 5Fev2020.

debate frontal, mediado por dois jornalistas. Tudo fora preparado para dar aos telespectadores o sentimento de estarem assistindo a um duelo, regulado por regras estritas, como se vê, por exemplo, na multiplicação de simetrias e na escolha de cores sóbrias e opostas: o preto e o branco.

De fato, como era de se esperar de tal agenciamento, o público assistiu a um debate ardoroso. Contudo, ali pelo fim do programa, François Hollande mudou de atitude e, durante quase três minutos, enunciou uma longa série de quinze anáforas retóricas. Citamos aqui as quatro primeiras:

> *Eu, quando eleito presidente da República,* não serei apenas o líder da maioria, não receberei os parlamentares da maioria no Eliseu.
>
> *Eu, quando eleito presidente da República,* não tratarei meu Primeiro-Ministro como colaborador.
>
> *Eu, quando eleito presidente da República,* não participarei de coletas de fundos para meu próprio partido em um hotel parisiense.
>
> *Eu, quando eleito presidente da República,* farei a justiça funcionar de maneira independente, não nomearei membros do Ministério Público que não sejam os de consenso junto ao Conselho Superior da Magistratura [...].

Essas anáforas são claramente polêmicas, pois definem por contraste o antiethos do mau presidente e o ethos do bom presidente, no caso, o próprio locutor. Mas esse procedimento é característico dos oradores diante de uma multidão, não de participantes desse tipo de debate televisivo. François Hollande ativou aquilo que chamei acima de "Cena retórica", monologal e solene, nitidamente descolada daquilo a que induzia o agenciamento no qual o debate se desenrolava. Essa tensão entre agenciamento e cenografia era a condição do efeito buscado: o locutor pretendia mostrar, num momento de especial destaque, que sabia ganhar altura, ir além da interação imediata para afirmar seus valores e assumir compromissos com o povo.

Mas essa tensão, muito frequentemente, não é uma estratégia do locutor, que se lhe submete. Um orador pode ter preparado uma alocução derivada da Cena retórica e se encontrar falando em um pequeno aposento, para poucas pessoas. Entre aqueles que buscavam recriar o espírito da Ceia do Cristo deslocando o altar para perto dos fiéis, alguns devem ter se sentido incomodados de terem de celebrar numa igreja barroca, expressão de um outro universo doutrinal. À época, era grande a tentação de transferir a missa para uma capela anexa, ou para alguma cripta, mais de acordo, segundo eles, com o novo ritual.

O microfone

Um agenciamento não se reduz a objetos e a determinada organização do espaço. É preciso ainda levar em conta as condições que permitam à fala ser audível ou ao locutor ser visível. Quando lemos, nos dias de hoje, sermões antigos, pronunciados do púlpito, somos atingidos por seu caráter "retórico", por sua eloquência, bem distante dos usos atuais. Para dar conta desse fenômeno, não basta invocar fatores ideológicos. Efetivamente, o pregador devia falar alto para ser ouvido; por isso se encontrava situado acima dos fiéis. O púlpito, que só permitia ver o busto, a parte nobre do corpo do orador, conferia autoridade a essa fala, que vinha do alto e era pronunciada com voz forte. A foto a seguir, do púlpito do mais célebre pregador francês, Bossuet (1627-1704), na catedral de Meaux, destaca o caráter, ao mesmo tempo, mediador e amplificador da fala assim pronunciada do alto da cátedra: o móvel é dominado por um anjo trombeteiro voltado para o Céu.

A progressiva introdução do microfone nas igrejas, no decorrer dos anos 1960, produziu um efeito imediato sobre o ethos dos pregadores. Ao abandonarem o púlpito, eles passaram a falar no mesmo nível de seus ouvintes, diante deles, seu corpo pôde ser visto como um todo. Passou-se da Cena retórica, que envolvia um orador, um "sobrelocutor", para cenografias de ethos mais íntimo, mais familiar. De todo modo, mais valia não falar alto ao microfone para que o som fosse de boa qualidade. Por conta do deslocamento do altar para o centro da igreja e pela visibilidade do padre, visto de perto, os fiéis agora se aproximam do estatuto de interlocutores. Essa modificação é comparável àquela que foi induzida, no discurso político, pela intervenção da rádio no entreguerras. Podemos pensar aqui nos "Fireside Chats" ("Conversas à beira do fogo") do presidente Roosevelt entre 1933 e 1944: ele se dirigia a seus concidadãos desde seu gabinete, a partir de um ambiente privado, evitando recorrer a um ethos oratório.

A introdução do microfone também teve uma incidência sobre a substituição do latim pelas línguas vernáculas. O uso do latim durante a missa implicava um ethos específico: o oficiante, situado no fundo do coro, não falava. Ele salmodiava, de costas para os fiéis, dos quais não se esperava que entendessem o que estava sendo dito. Em contrapartida, "o uso da língua vernácula exige uma inteligibilidade perfeita da fala" (Daphy, 1993: 69), logo, o uso de um microfone.

Não podemos falar aqui de uma causalidade linear, na qual o microfone seria o ponto de partida de uma transformação da pregação. Sua introdução nas igrejas, levada por um discurso "progressista", possibilitava novos agenciamentos que precisavam do microfone para funcionar. O novo ethos dos pregadores também se fundamentava num escoramento recíproco entre uma técnica de amplificação da voz e uma organização diferente do espaço exigido por evoluções de ordem doutrinal.

O ethos editorial

Quando nos interessamos pelos agenciamentos, passamos a conceder um lugar a atores muito frequentemente descuidados em análise do discurso. Numa perspectiva comparável, a propósito de livros, pôde-se falar em um "ethos editorial" (Maingueneau 2013b: 23), faceta de uma "enunciação editorial" (Souchier, 1998, 2007). O editor, assim como os agenciadores, é um mediador situado à sombra, que pode intervir mediante seu ethos de marca e também, muito frequentemente, por meio do ethos de sua coleção. Esse ethos duplo interage com o dos autores, que em geral se esforçam para se fazerem publicar numa coleção e por um editor cujo ethos lhes pareça compatível com o de seu texto.

Daremos um exemplo tomado de empréstimo ao discurso filosófico. Quando falamos de "filósofos", estamos, na realidade, nos referindo a duas categorias bem distintas. De um lado, há os "pensadores", que se apresentam como desenvolvedores de uma doutrina pessoal. De outro, temos os especialistas nesse ou naquele autor, nessa ou naquela doutrina ou período. Essa diferença se traduz em termos de ethos: o ethos do especialista geralmente decorre do ethos universitário, enquanto o "pensador" deve mostrar, por meio de uma enunciação singular, que ele desenvolve uma doutrina original. Esses dois ethos divergentes são frequentemente associados a ethos editoriais distintos.

A título de exemplo, podemos comparar duas obras do mesmo filósofo, Michel Serres, publicadas no mesmo ano, 1968. Uma, *O sistema de Leibniz e seus modelos matemáticos*, apresenta-se como um trabalho de especialista. A outra, *Hermes I. A comunicação*, como um livro de "pensador". As duas obras divergem de um ponto de vista enunciativo e não no plano doutrinal: *A comunicação* inaugura uma série de livros que reivindicam uma inspiração leibniziana, de onde se pode ler retrospectivamente *O sistema de Leibniz* como um elemento da doutrina posteriormente desenvolvida por Serres.

Eis o início da "introdução" ao *Sistema de Leibniz:*

> Para quem se envolve no mundo descrito ou construído pela filosofia de Leibniz, advém um embaraço que subsiste: ele é rapidamente convencido de sua organização sistemática, e essa convicção permanece; ora, é difícil para ele abraçar essa organização, compreender esse sistema. Ele forma o sentimento confuso de uma ordem potencial que sempre se deixa entrever e sem cessar se recusa, a ideia vaga de uma coerência mil vezes percebida numa perspectiva rápida e que disfarça seu geometrismo, a sensação de avançar num labirinto cujo fio ele segura sem ter o mapa. Perspectivas oferecidas, pontos de vista multiplicados, possibilidades infinitamente iteradas: não parece jamais que se possa chegar aos limites exaustivos de um *plano* sinótico, estendido, completo, atual.
> E esse duplo sentimento está em harmonia com o que Leibniz empreende e com o que ele diz de seu empreendimento (...) (p. 7-8).

O enunciador adota um ethos de acadêmico especializado em um grande autor. E isso em nada espanta, visto que o livro resulta de uma tese defendida na Sorbonne. De acordo com as normas de exposição acadêmica, ele tende a apagar as marcas de sua presença, em proveito da relação entre o leitor e a obra de Leibniz. Desde as primeiras palavras, pelo pronome relativo sem antecedente ["(para) quem..."], o autor inscreve o lugar de um leitor ao qual ele se apresenta como auxiliar. O propósito por ele estabelecido é, efetivamente, ajudar a compreender melhor o pensamento de uma das grandes figuras do patrimônio filosófico. Para tanto, define o contrato que legitima sua busca: depois de ter identificado um paradoxo (um sistema leibniziano simultaneamente visível e invisível), ele se propõe resolvê-lo com base em sua competência de especialista.

Em *Hermes I. A comunicação*, o ethos parece bem diferente porque o autor multiplica os signos emblemáticos de "pensador". As primeiras linhas da introdução são significativas.

> A REDE DE COMUNICAÇÃO: PENÉLOPE
>
> Antes de ser seduzida por Zeus sob a forma de uma serpente e de conceber Dionísio por meio dele, Perséfone, abandonada por Demetra na gruta de Cyane, começara um tecido no qual seria representado todo o universo.
>
> Imaginemos, desenhado num espaço de representação, um diagrama em rede. Ele é formado, num instante dado (pois nós veremos amplamente que representa um estado qualquer de uma situação móvel), de uma pluralidade de pontos (vértices) ligados entre si por uma pluralidade de ramificações (caminhos). Cada ponto representa uma tese, ou um elemento efetivamente definível por um conjunto empírico determinado. Por definição, nenhum ponto é privilegiado em relação a outro, nenhum deles está univocamente subordinado a esse ou àquele; cada um deles tem sua potência própria (eventualmente variável no decorrer do tempo), ou sua zona de irradiação, ou ainda sua força determinante original. Consequentemente, mesmo que alguns possam ser idênticos entre si, eles são, em geral, todos diferentes. O mesmo se passa com os caminhos que respectivamente, transportam fluxos de determinações diferentes e variáveis no tempo (p. 11).

O autor não justifica sua enunciação exibindo sua vontade de resolver uma dificuldade a ser possivelmente encontrada por aqueles que queiram compreender a doutrina de Leibniz. A epígrafe tomada de empréstimo à mitologia grega tem uma dupla função:

(1) mostrar o ethos de um homem em contato com os fundamentos, que na cultura ocidental são geralmente reportados à Grécia antiga;
(2) impor um quadro de interpretação: ao termo de sua leitura, o leitor poderá compreender por que essa epígrafe, e não outra, foi a escolhida.

O texto põe ostensivamente em cena seu caráter inaugural por um "Imaginemos..." mediante o qual um pensamento estabelece soberbamente o espaço e os objetos que se atribui, sem pacientemente inscrevê-los numa problemática constituída. O enunciador reata com a própria pretensão da filosofia, situando-se numa dupla *arché*: por essa cenografia axiomática que estabelece elementos primeiros, puros objetos de pensamento, e pelo arcaísmo de uma mitologia grega, que estabelece o enigma obsedante da passagem do *mythos* ao *logos*.

Michel Serres se encontra num momento-chave de sua carreira: ainda não publicou nenhum livro e não dispõe de cátedra na universidade. Sua obra sobre Leibniz deve assentar sua legitimidade na instituição. Em contrapartida, A *comunicação* lhe confere outra forma de legitimidade, o leva a alcançar um público mais amplo, numa época em que florescem os pensadores "profetas" (Angermuller, 2003), que se beneficiam de uma maior audiência, além dos especialistas em suas disciplinas. Essa divergência se encontra ao nível do ethos editorial. A obra sobre Leibniz foi publicada por um editor especializado em obras acadêmicas, as "Presses Universitaires de France" (PUF), numa coleção intitulada "Epiméthée", dirigida à época por um professor de filosofia, Jean Hippolyte, que acumula todas as insígnias do reconhecimento acadêmico[2]. Já A *comunicação* é publicada pelas Éditions de Minuit, na coleção "Critique". A comparação entre as duas capas é esclarecedora.

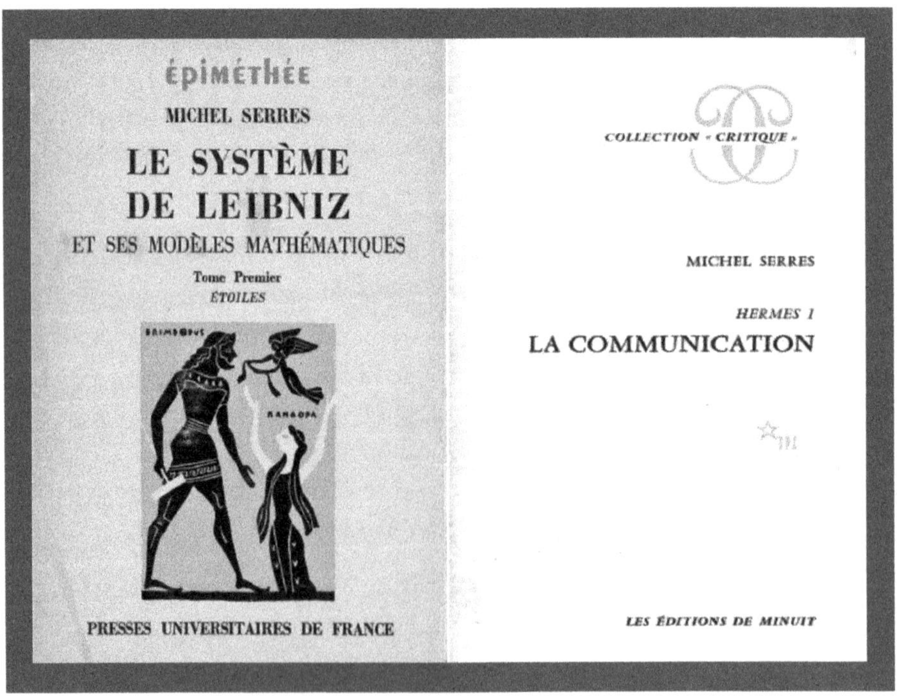

2 Michel Foucault foi o seu sucessor.

Diferentemente das Presses Universitaires de France, as Éditions de Minuit são, à época, percebidas como uma editora para escritores e filósofos de vanguarda. Lá, por exemplo, foram publicados os autores máximos do "Nouveau Roman"[3]; lá Deleuze publicará em 1969 *A lógica do sentido* e, com Félix Guattari, em 1972, *O Anti-Édipo*. Lá também Derrida publicará, em 1967, *Gramatologia* e, em 1972, *Posições* e *Margens da filosofia*. A coleção "Critique" exibe essa imagem de marca: o pensamento novo se desdobra em um espaço branco. A capa de *A comunicação* se situa nos antípodas da austera cor marrom da coleção "Epiméthée", que privilegia o estudo dos *thesauri* mais acadêmicos, como o indicam seu título e a vinheta antiguizante, onde os nomes dos dois personagens (Epitemeu e Pandora) são escritos em caracteres gregos: para iniciados, portanto, os únicos capazes de compreenderem em que a relação entre Epimeteu e Pandora pode ser emblemática da filosofia.

No caso dos dois livros de Michel Serres, ethos editorial e ethos autoral estão em harmonia, pois o autor adapta seus textos ao ethos da coleção e do editor envolvidos. Mas chega um momento de tensão entre os dois níveis de ethos. Podemos evocar aqui o exemplo de um escritor de vanguarda, Pierre Guyotat. Em 1984, a mais prestigiosa editora literária francesa, a Gallimard, publicou em sua "collection blanche" (a mesma onde se publicam as obras de Marcel Proust, André Gide, Albert Camus etc.) um texto intitulado *O livro*, praticamente incompreensível: uma mistura de palavras francesas reconhecíveis e de palavras deformadas, combinadas em sequências que não obedecem à sintaxe usual. *O livro* começa assim:

> sōs amouroz' par excès kief, bras conchiassé jusqu'deltoïd à l'axterpation hors pluss profond trō d'tōt l'îlot Yatchenko l'ukrānniann' qu', evadé dexsaptann' parriçid', crân' tondu Quarant' Quatr' femm' UFF qu' desput't aux putāns rast' d'sa creniàr' blond' sur preau bagn' d'Anian' detend son deux màtr'soixant'dexsapt non-homologué sarré culott' fillett' Oradōriann' dentell' carbonesée pōr cancan d'campagn' sōs maronnier limousin ō, menuit, en caban' inachevée fourrée liàvr' d'ō saut't impubar' guetteurs pubàr' FFI [Pierre Guyotat, Le Livre, Paris, Gallimard, 1984, p. 15 (début)].

O ethos aqui mostrado é o de um escritor de vanguarda, que transgride de maneira ostensiva as regras da língua. Esse ethos contrasta

[3] Especialmente A. Robbe-Grillet, M. Butor, N. Sarraute, C. Simon, R. Pinget.

fortemente com aquele implicado pelo nome da editora, pela sóbria distinção da capa e pelo título, que permite pensar estarmos diante de uma obra canônica.

A presença desse livro na célebre "collection blanche" tem um duplo efeito. O ethos da Gallimard vem legitimar esse texto tão problemático, conceder-lhe um diploma de pertinência à grande Literatura francesa, da qual esse editor se pretende vetor privilegiado. Em contrapartida, o ethos transgressivo de Guyotat permite à Gallimard mostrar que não é apenas uma editora patrimonial, que publica livros de vanguarda com influência sobre sua época. Os dois ethos interagem, então, para maior proveito de cada um dos parceiros. Pelo menos é isso que o editor deve ter pensado, mas o público pode fazer uma avaliação diferente, considerar que a Gallimard, publicando um livro desses, prejudicou seu próprio ethos.

9

O ethos testado pela internet

A nova configuração

Insisti na dependência do ethos em relação às configurações materiais da enunciação, mas me mantive no quadro tradicional de distinção entre o oral e o escrito. Ora, ao estender para além dos anos 1980 o campo de validade do ethos para todas as espécies de *corpora*, a análise do discurso se vê confrontada com as novas tecnologias da comunicação, especialmente com a internet, cujo funcionamento não resulta do regime tradicional de textos. Esse regime, como vimos, se organiza em torno da cena de enunciação, que hierarquiza cena englobante, cena genérica e cenografia e atribui um papel periférico ao hipergênero[1] (Maingueneau, 1998b), isto é, a uma formatação de restrições fracas (carta, diálogo, entrevista...), que pode abranger gêneros muito diversos: um relatório de defesa de tese não é um relatório policial ou um relatório de um especialista em seguros. Na internet, a situação é muito diferente: são a cenografia e o hipergênero que passam a primeiro plano, em detrimento da cena genérica.

[1] Lembro que, em minha terminologia (Maingueneau, 1998b), um "hipergênero" não é um gênero, mas uma formatação de restrições fracas (carta, diálogo, entrevista...), que pode abranger gêneros muito diversos.

Nesse caso, a análise em termos de ethos não pode ser feita como quando se tratava de produções resultantes da genericidade clássica.

No caso da internet, podemos falar de hipergêneros para grandes categorias tais como "*e-commerces*", "*blogs*", "*sites* de notícias" etc. Bem entendido, não se trata de hipergêneros do mesmo tipo da entrevista, do relatório ou do diálogo na produção escrita, mas, como esses últimos, eles constituem categorias disponíveis para os usuários, associadas a algumas propriedades formais mínimas. O principal problema para aqueles que criam *sites* a partir desse ou daquele hipergênero é mobilizar recursos ao mesmo tempo verbais e multimodais (imagem fixa, em movimento, som) e operações hipertextuais para definir uma cenografia adaptada ao ethos que pretendem mostrar e que seja adaptada às finalidades do *site*. Mas essas cenografias diferem daquelas com as quais tivemos contato até aqui, que estavam associadas a enunciações essencialmente verbais. Elas possuem, com efeito, duas dimensões: a *verbal* e a *digital*. A cenografia "digital" é característica da internet: ao escapar ao registro da voz e da fala, ela questiona a concepção do ethos comumente feita. Podemos distinguir duas componentes nela:

— *iconotextual*: o próprio *site* se apresenta como uma imagem que se desdobra, limitada pela tela. Ele também contém imagens, cada qual contribuindo para o ethos global. Mas, ao lado das imagens prototípicas (foto, vídeo), é preciso levar em conta que aquelas que são oferecidas pelos múltiplos módulos ao olhar do internauta — um gráfico, um texto curto, um título em destaque, caixas de comentários depois de um artigo — têm uma forma, cores, constituem imagem;

— *reticular*: *interna* (o *site* é uma rede de páginas) e *externa* (o *site* estabelece *links* com o exterior), cujas relações são geradas por diferentes tipos de instrução. Um *site* é, realmente, um conjunto de ações possíveis que todo internauta pode ou não realizar, e isso na ordem que lhe convier. Trata-se de uma propriedade sem equivalente no oral e no impresso tradicional. Daí advém o uso, por exemplo, do termo "textal" [Souchier; Jeanneret; Le Marec (orgs.) 2003], termo-valise que une "texto" e "digital" para dar conta do caráter, ao mesmo tempo, verbal e manipulável desses enunciados[2].

A marginalização da cena genérica se manifesta também no plano da textualidade. Aqueles que estudaram a internet insistiram, com razão, nas especificidades dos "textos" que nela se encontram, transformados

2 Para uma síntese dessas questões, ver Paveau (2017).

em "escritos de tela" (Souchier, 1996). A concepção clássica do gênero de discurso associa cada texto — considerado como uma totalidade estável e globalmente apreensível — a um gênero de discurso. Já o internauta se encontra diante, não de um texto, mas de uma tela que se apresenta como um mosaico de módulos mais ou menos numerosos, o que impede de pôr em correspondência simples *um* texto e *uma* cena de enunciação. Nesse mosaico, podemos encontrar textos no sentido habitual do termo (mesmo que, na realidade, eles não sejam produzidos como escritos tradicionais), mas também listas, diagramas, fotos, aforizações, títulos de texto constantes em outra página do *site*, vídeos, *banners*, fragmentos de textos que continuam em outras páginasdo *site* etc. Além disso, o que aparece na tela não passa de um estado transitório; a maioria desses módulos é renovada, mas em velocidades diferentes, em função do tipo de *site* em questão. Enfim, essa transformação vai de par com uma mutação das práticas de "leitura": tanto no interior de cada *site*, quanto de um *site* a outro, o(a) internauta efetua uma *navegação*, ele(a) fabrica o hipertexto que lê, em vez de seguir o fio a si imposto por um texto único e compacto.

Alguns desses módulos são constituídos por textos no sentido de escrito: eles implicam, portanto, um ethos consistente. Mas, para a maioria dos módulos, levar em conta o ethos não tem lá muito sentido se eles não estiverem relacionados ao conjunto do *site*: desse modo, os títulos, as listas de notícias em um *site* de informação, ou as vinhetas alinhadas em um *e-commerce*... O ethos propriamente verbal perde, desse modo, sua importância para um ethos global, muito mais fluido, que excede as caracterizações em termos de locutor e de texto individual. Antes, a hierarquia entre uma pluralidade de textos e uma identidade que os dominava caracterizava a imprensa escrita, onde cada artigo era dominado por um "metaenunciador" de ethos específico, no caso, o jornal ou a revista, que controlava o conjunto de seus enunciados. Na internet, é o caso de todos os *sites*: o ethos de cada módulo é dominado pelo da instância responsável pelo conjunto do *site*. Mas até mesmo a possibilidade de relacionar essa ou aquela página ao ethos de *uma* fonte se torna incerta: além dos agentes que produzem os módulos exibidos na tela, é preciso levar em conta aqueles que, em diversos níveis, contribuem para construir o *site* e alimentá-lo:

(a) os programadores que elaboraram o *software* com o qual o *site* foi concebido;
(b) os *designers* do *site*;
(c) os administradores do *site*;
(d) os redatores dos diferentes módulos.

Cada qual desses níveis é fonte de ethos, e sua convergência nada tem de evidente.

Um ethos "enquadrante" (ver p. 33) impregna de maneira difusa cada um dos módulos que ele contém, mas sua relação com o ethos dos módulos que ele integra é muito variável. O caso mais simples é dos *blogs* pessoais, dos quais se pode depreender um ethos relativamente homogêneo. Encontramos, então, uma situação comparável à do jornal ou da revista impressa. Do lado oposto, podemos evocar os hipergêneros mais importantes, em termos de visitação, de notoriedade e de complexidade: eles encerram módulos muito numerosos, heterogêneos, onde múltiplos participantes dão sua contribuição num quadro preestabelecido; é o caso, por exemplo, dos *sites* de notícias ou das redes sociais. Entre esses dois extremos, existem múltiplos casos intermediários.

De todo modo, a elaboração de um ethos singular dificilmente pode ser a preocupação principal daqueles que criam *sites* voltados essencialmente para a prática. É certamente inevitável que determinado ethos resulte dos signos de módulos diversos disseminados na tela, mas esse não é o objetivo primeiro. Todo *site* se pretende, é claro, antes de tudo, funcional: termos de teor avaliativo tais como "amigável", "complicado", "confuso"... caracterizam o modo de circulação no *site*, e não sua fonte. Um internauta pode dizer que o *site* da Amazon ou da Tok&Stok é "malfeito", "complicado" etc., sem com isso estender essas características às marcas envolvidas. Estamos longe da publicidade, onde a marca tende a ser associada a um ethos bem marcado e fortemente antropomórfico, cuja dimensão "experiencial" é saliente.

Saliência e apagamento do ethos

Podemos, contudo, distinguir diferentes tipos de fontes enunciativas, em função do tipo de ethos que eles favoreçam, mantendo em mente que não se trata de categorias fechadas. Eles se distribuem entre dois polos: o primeiro se caracteriza pela *saliência*, o segundo, pelo *apagamento* do ethos.

(a) A saliência do ethos

- É o caso do ethos pessoal de um indivíduo portador de um nome próprio; dotado de uma "corporalidade" e de um "caráter", ele pode desempenhar plenamente o papel de um "fiador" para o enunciado. Ele prospera nos *blogs* pessoais, nas redes sociais ou nos *sites* de relacionamento. Alguns tipos de enunciados se concentram na produção de um ethos, enquanto para outros o ethos não é o centro de atenção do produtor. Desse modo, quando alguém redige um anúncio para um *site* de relacionamento ou um *curriculum vitae*, o ethos discursivo é a própria meta do enunciado, que se concentra em caracterizar a personalidade do enunciador. Mais amplamente, essa focalização no ethos caracteriza, em graus variáveis, o conjunto das páginas pessoais. Por exemplo, a maioria dos(as) políticos(as) têm um *blog* pessoal — quase sempre administrado por um profissional de comunicação — que desempenha um papel destacado na construção de seu ethos.
- O ethos coletivo (um partido, uma associação, um sindicato...) conserva certo número de traços do indivíduo, nas três dimensões do ethos: categorial, experiencial e ideológica.
- O ethos de marca subverte a distinção entre ethos individual e ethos coletivo. Ele emerge da comunicação feita pela marca. O que, em grande parte, diferencia as formas inovadoras da publicidade contemporânea e as formas tradicionais é justamente dedicar-se prioritariamente a conferir uma espécie de ethos pessoal à marca, em vez de focar nas qualidades dos produtos à venda.

(b) O apagamento do ethos

O apagamento do ethos não significa que o *site* não produza ethos, pois toda produção semiótica relacionada a uma fonte implica um ethos. Significa apenas que a instância responsável pelo *site* se apaga por trás da administração das necessidades de seus usuários. Por exemplo, o *site* www.receita.economia.gov.br[3], como seu nome indica, está dedicado ao recolhimento dos impostos pagos pelos contribuintes brasileiros; ele se restringe a orientar os percursos dos visitantes implementando listas de ações possíveis contra um fundo de cores relativamente neutras. Esse apagamento do ethos também diz respeito tanto aos *sites* institucionais

[3] Último acesso: 24Fev2020.

(ministérios, prefeituras, universidades...), quanto aos *sites* comerciais que tendem, em graus diferentes, à pura funcionalidade. Eles seguramente estão associados a um nome próprio de marca ou de instituição, mas buscam mostrar que respondem o mais eficientemente possível às demandas dos usuários. Eles põem em primeiro plano as divisões e os instrumentos desenhados para facilitar a navegação do visitante, em função de suas motivações prováveis.

Falamos aqui do que se passa no conjunto do *site;* isso não exclui a possibilidade de um ou vários módulos serem associados a um ethos identificável: logotipo, fotos, mensagem do diretor... É assim que a página de entrada do *site* da Universidade Paris-Est Créteil[4] (https://www.u-pec.fr/[5]) dá acesso a uma entrevista com o reitor, intitulada "Para uma nova universidade", um texto que apresenta um ethos saliente.

Quando se exerce uma verdadeira concorrência, os *sites* que tendem naturalmente ao apagamento do ethos são submetidos a duas injunções simultâneas nem sempre fáceis de conciliar. Por um lado, eles têm a intenção de privilegiar o caráter funcional, a legibilidade, de modo a facilitar a navegação no interior do *site*; por outro, eles são submetidos a uma lógica da imagem de marca, que os incita a produzir um ethos identificável. Essa dupla injunção está bem destacada na pesquisa de C. Barats, J.-M. Leblanc et P. Fiala (2013), que estudaram, recorrendo a métodos quantitativos, a evolução da páginas de entrada de 21 estabelecimentos de ensino superior na região parisiense entre 2007 e 2011, levando em conta, ao mesmo tempo, o texto, as imagens e a diagramação das páginas. Daí resulta serem esses *sites* cada vez mais parecidos, mesmo com eles também tentando produzir um ethos identificável, visto estarem submetidos a "lógicas de comunicação e de marca até então ausentes do campo acadêmico" (Leblanc; Fiala 2013: 117).

Por exemplo, em 2016, as páginas de entrada do *site* da Universidade Paris-Est Créteil[6] e o da Universidade Paris IV[7] eram organizados de modo semelhante: nome e logotipo, seleção da língua, um botão de "pesquisa",

---

4 Último acesso: 6Fev2020.

5 Último acesso: 6Fev2020.

6 http://www.u-pec.fr/; último acesso: 7Fev2020.

7 https://www.sorbonne-universite.fr/ /; último acesso: 7Fev2020. A partir de 2018, a Universidade Paris IV foi transformada na Faculdade de Letras de um estabelecimento maior: a Universidade Sorbonne.

rubricas em listas horizontais e verticais, oposição entre uma parte estável e uma parte variável ("Notícias")... Mas indícios de diversas ordens também dão testemunho da intenção de produzir um *site* singular. O problema é: na maior parte do tempo, é difícil interpretar essa diferença em termos de ethos consistente e específico. Se olharmos para as duas capturas de tela a seguir, o *site* da Sorbonne parece mais alegre, mas "divertido", mas isso só vale para a página principal; essa característica não se mantém em todo o *site*.

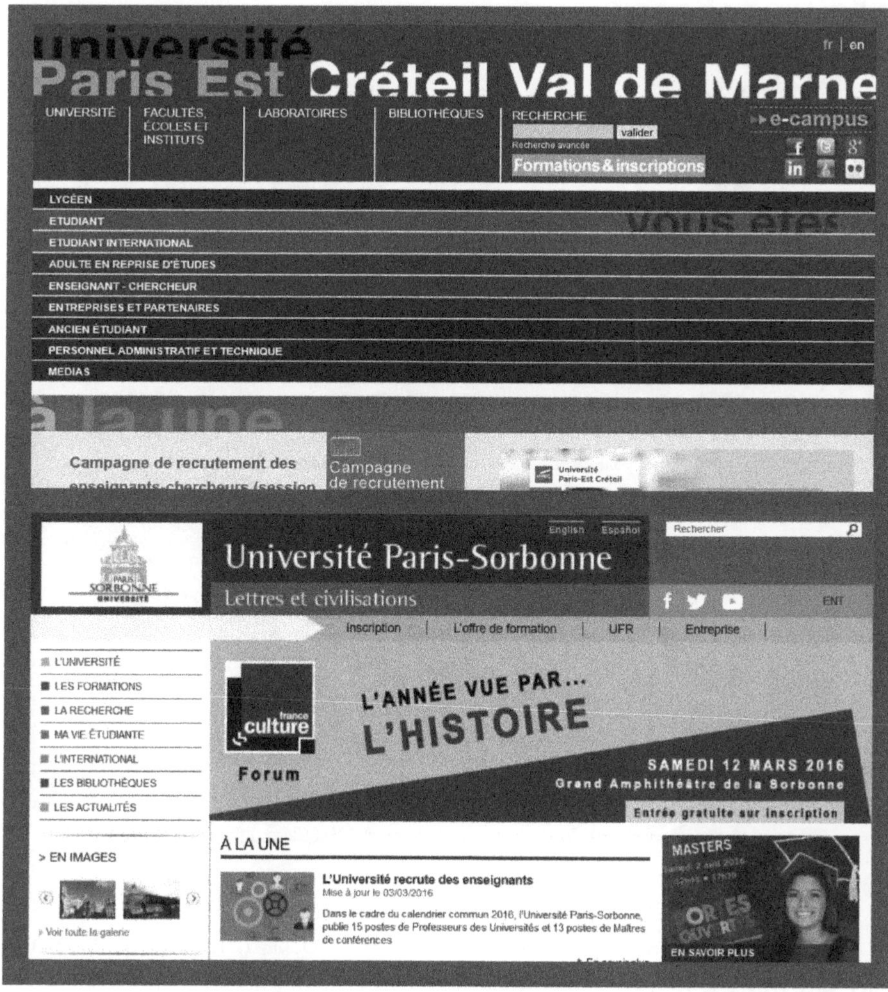

Mas, nesse campo, as coisas evoluem rapidamente. Três anos depois, em 2019, essas mesmas páginas de entrada se apresentam completamente mudadas.

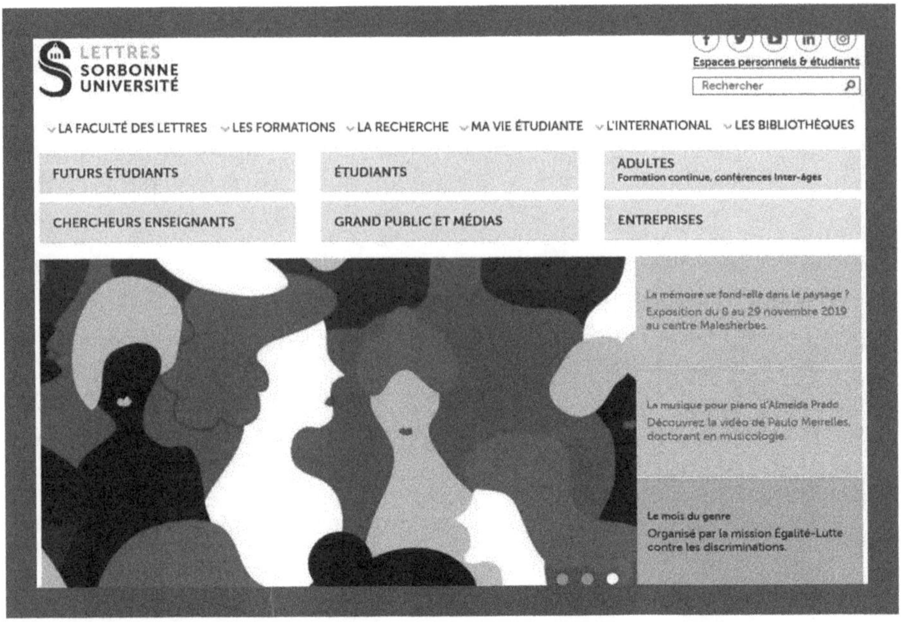

Disponível em: http: //lettres.sorbonne-universite.fr/; último acesso: 2Nov2019.

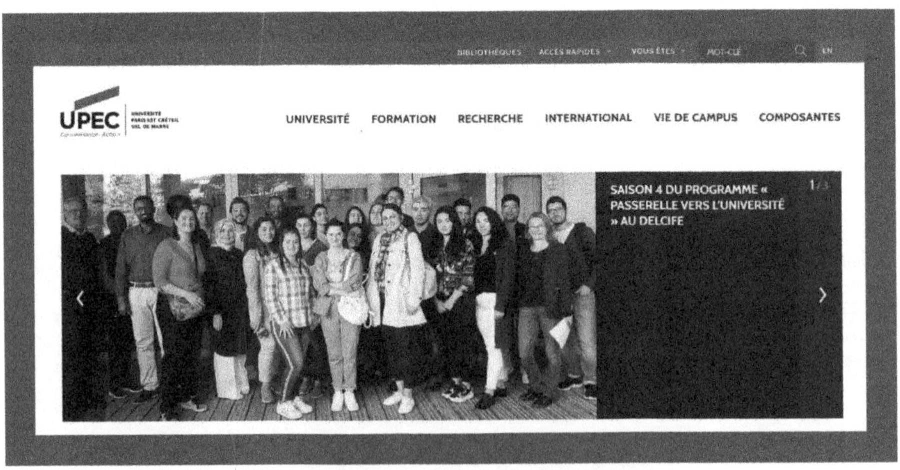

Disponível em: http://www.u-pec.fr/universite-paris-est-creteil-805685.kjsp; último acesso: 2Nov2019.

As imagens vieram para o primeiro plano, mas os botões funcionais são bem legíveis, facilmente acessíveis. De fato, as imagens que vemos não são mais estáveis, elas integram uma projeção automaticamente recorrente. A projeção da Universidade Paris Est se concentra nos acontecimentos da vida estudantil, enquanto a da Sorbonne está focada nos eventos culturais organizados pela universidade. Nos dois casos, porém, a atualidade é o que importa, em detrimento de propriedades que seriam permanentemente incorporadas pelo estabelecimento.

Do ponto de vista do ethos, essa evolução é ambígua. Vemos o ethos institucional se enfraquecer em proveito de um ethos que se quer jovem, em sintonia com seu tempo: a universidade se mostra explorando os recursos das novas tecnologias e privilegia o visual em detrimento do verbal. O *site* favorece a sedução (é preciso agradar) e a funcionalidade (é necessário facilitar a circulação, a busca de informações). Mas isso se faz em detrimento de uma identidade específica em termos de história da instituição, de valores e de política de ensino. Claro que essa dimensão não está ausente, mas ela é desfocada. Tudo se passa como se a lógica da comunicação midiática se aplicasse uniformemente ao conjunto dos setores da vida social. Aquele que visita esses *sites* de universidades se vê confrontado menos com o ethos do mundo acadêmico, ao ethos de determinada universidade, e mais ao ethos simultaneamente amigável e funcional, que anima o conjunto dos *sites* institucionais.

Ethos forte, ethos fraco

Entre os módulos dominantemente verbais presentes num *site*, do ponto de vista do ethos, é importante o contraste entre os *textos* na acepção tradicional do termo (formados por várias frases, decorrentes de um gênero reconhecido e geralmente atribuído a um autor identificado) e os *comentários* subsequentes. Para fornecer um produto padronizado, um jornalista que escreve para a internet está submetido a múltiplas restrições em diferentes níveis: a temática, a composição do texto, a extensão, os recursos lexicais e sintáticos, os títulos e intertítulos, os *hiperlinks*, a inserção em outros módulos da página multimodal... Além disso, ele tem de levar em conta as expectativas dos leitores, controladas a partir dos dados fornecidos por alguns *sites* especializados, e as restrições ligadas ao referenciamento de seu texto pelos motores de busca.

Em contrapartida, é difícil fazer emergir um ethos consistente dos comentários. Claro que, às vezes, encontramos ali textos genuínos, nos quais se afirma e justifica um ponto de vista, mas é muito mais frequente termos ali fragmentos de enunciados em estilo oral, ou até mesmo um ou vários *emoticons*. Essa dificuldade em distinguir um ethos consistente também se aplica ao conjunto dos enunciados inscritos em uma cadeia aberta na qual o número de intervenções e de roteiristas é muito pouco restrito: por exemplo, as séries de enunciados postados nas redes sociais em reação a uma foto ou a um vídeo: "Genial!", "Gratidão!", "Estou com ciúmes!", "hahahahahaha!". No Twitter é diferente, porque ali o enunciador é constantemente tentado a produzir enunciados destacáveis, memoráveis, aptos a circular o mais amplamente possível, o que faz emergir um ethos ideológico identificável: diante de um acontecimento, é preciso mostrar quem se é, onde se está situado. O problema é tratar-se de ethos pontuais, disseminados em múltiplos tuites. Não é fácil fazê-los convergir num ethos que remeteria a uma personalidade consistente.

Além disso, os enunciados postados em certos tipos de *sites* são atribuídos a pseudônimos. A pseudonímia não é um fenômeno novo, mas o que antes se reservava a um conjunto limitado de profissionais da escrita é hoje a norma para todos. Essa prática destaca o enunciador de um corpo e de uma inscrição social e desemboca, naturalmente, na heteronímia, a possibilidade de o mesmo indivíduo criar para si na internet diversas personalidades. Quando falamos de ethos na internet, muito frequentemente estamos falando do ethos de uma instância cuja relação com um indivíduo extradiscursivo é problemática. Essa ausência de uma posição de autor genuína vai de mãos dadas com enunciações que envolvem fortemente a subjetividade dos participantes, liberam todos os seus afetos, sem freio algum. Ter um pseudônimo é poder se subtrair a uma multiplicidade de normas, tanto textuais quanto sociais. Os comentários se beneficiam do vasto universo de leitores de um *site* de informação bem cotado, mas sem eles estarem submetidos às múltiplas normas da comunicação jornalística. Sempre se pôde escrever para si os próprios pensamentos ou compartilhá-los com os próximos, sempre se pôde murmurar pensamentos de foro íntimo, mas o comentário permite dar a público o que derivaria da esfera privada, até mesmo inconfessável, e de situá-lo em simetria com um texto autorizado. Em nossos tempos, pode-se publicar, tornar visível de maneira máxima um enunciado autorizados apenas por si mesmos, em vez de extrair sua autoridade de alguma instituição.

Também do ponto de vista da textualidade, os comentários diferem das duas formas tradicionalmente reconhecidas:

(a) a forma da conversação, onde o enunciado se inscreve numa cadeia de interações, sob restrições múltiplas, sobretudo em matéria de respeito às faces, de resposta imediata, de coesão etc.;
(b) a forma do gênero de discurso, que atribui aos participantes diversos papéis, a serviço de uma finalidade reconhecida, e implica uma textualidade previamente planejada (Maingueneau 2013a), antecipadamente conhecida pelos parceiros, ou administrada por um moderador.

Os comentários não são conversas, mesmo que frequentemente uma espécie de diálogo possa se instaurar entre alguns participantes; eles também não provêm de uma textualidade planejada com a qual os locutores devem cooperar para cumprir determinada tarefa. Não apenas esses enunciados não obedecem a nenhuma formatação constringente, como seus produtores se dão o direito de inventar, a cada vez, a finalidade de sua enunciação, sem levar em conta os comentários anteriores. Aproximamo-nos aqui da lógica do picho na parede: anônimo, pura expressão oferecida ao olhar dos passantes.

Doravante, os textos controlados pela instituição jornalística não se contentam em informar ou explicar, eles servem para ativar a produção de um número indefinível de enunciados fragilmente controlados e de origem inassinalável. Essa justaposição de um texto fortemente normalizado com comentários é a regra hoje. Mas não podemos esquecer em que medida isso difere do dispositivo prevalente até poucos anos atrás na imprensa escrita, no rádio ou na televisão, onde a fala do jornalista era definitiva. Os comentários induzem um deslocamento do centro de gravidade: o artigo não está mais no centro, e sim a relação entre ele e os comentários a si associados. A própria superioridade da fala especializada, a do jornalista profissional, é questionada por esse dispositivo. O texto compacto e normalizado do artigo, que implica um ethos profissional identificável, modulado em função do gênero jornalístico praticado, contrasta com a proliferação incontrolável dos comentários. Aqueles que os postam no *site*, diferentemente do autor do artigo, que deve ser identificável, formam agregados instáveis e efêmeros, de evolução imprevisível. E, para cúmulo da situação, ainda são pseudônimos.

O espaço onde se posta o comentário converte-se em espaço lúdico, no qual tudo pode ser dito: a respeito das pessoas das quais fale o artigo, do autor do artigo, de outro comentador... Isso favorece a contestação e a inversão das hierarquias. Pense-se aqui no mundo carnavalesco de Bakhtin (1982): aquele que ocupa a posição inferior passa a ser o artigo, objeto de avaliação, não os comentários. Existem, porém, duas diferenças essenciais com o carnavalesco bakhtiniano: a inscrição no tempo e o objetivo. O carnaval subverte simbolicamente as hierarquias instituídas, mas apenas durante um período limitado. Os comentários acompanham de maneira permanente os artigos e vão aumentando com o tempo. Além disso, o carnaval é essencialmente contestatário, enquanto os comentários podem aprovar o artigo. Contudo, mesmo quando o comentário valida o ponto de vista do artigo, ele o faz quase sempre seguindo modalidades que não provêm do regime discursivo adaptado às situações formais: a valorização da fala "direta", até brutal, é consubstancial a esse dispositivo.

Nessas condições, podemos nos perguntar se os destinatários dos comentários não são, sobretudo, o que poderíamos chamar de *subdestinatários*. Não indivíduos identificados, como na conversação, nem o destinatário modelo implicado pelo gênero de discurso, ele próprio ancorado numa cena englobante respaldada por uma instituição, mas um conjunto de contornos indefiníveis, feito à medida de enunciados reativos que se apresentam como a projeção direta de uma subjetividade cujas opiniões e afetos não são regulados pela presença de outros ou pelo controle de uma instituição. Esse "subdestinatário" tem, pois, como correlato um *sublocutor*: não apenas porque a fonte do comentário é anônima, instável (em suas opiniões e em sua maneira de ocupar o espaço virtual), inapreensível em suma, mas também por ser ele amplamente imune às restrições usuais da comunicação, da responsabilidade de um *Sujeito* falante coerente e apresentável, submetido ao juízo de um superdestinatário, no sentido de Mikhail Bakhtin, especificado pela situação de fala. Se assim é, as consequências para o ethos são imediatas: algo da ordem do ethos emerge de um comentário, mas de um ethos "fraco", que não se estabiliza, como seria o caso de um texto normalizado, assumido por um locutor que se dirigisse a um destinatário especificado pela instituição na qual a enunciação se enquadra.

Poderes e limites do ethos

Se o ethos — mais que outros conceitos em uso na análise do discurso — suscita hoje tanto interesse é, sem a menor dúvida, porque ele está às voltas com forças que ultrapassam a análise do discurso e até mesmo as ciências humanas e sociais: a crise de representação, o domínio da publicidade, a nova economia, o desenvolvimento das novas tecnologias da comunicação e da informação... A atenção se deslocou das doutrinas e dos aparelhos a elas ligados para a apresentação de si. Doravante, é preciso *encarnar*: toda convicção, toda identidade devem ser associadas a certa determinação do corpo em movimento, como o atesta a proliferação de substantivos multiuso como "look", "style", "lifestyle"... todos com fortes afinidades semânticas com o ethos. O Google traz como resultado de uma busca pelo próprio termo "ethos" nada menos que 51.800.000 ocorrências[1]: depois de ter sido pouco utilizado até os anos 1960, esse termo teve um crescimento brutal e contínuo[2]. Como a imensa maioria dessas ocorrências não tem a ver nem com retórica, nem com análise do discurso, isso significa que essas disciplinas, queiram elas ou não, trabalham com uma noção que invadiu campos os mais diver-

1 Dado recolhido em 21/10/2019.
2 Segundo NGram Viewer (22/10/2019).

sos. A conjuntura é, portanto, promissora para os analistas do discurso interessados no ethos.

Mas isso não os dispensa de avaliar o interesse que há em lançar mão desse instrumento para essa ou aquela pesquisa. Enquanto se tratava de um conceito reservado à retórica, um tipo de "prova" a serviço de uma estratégia argumentativa unívoca, pouco se pensou sobre seus limites: como o ethos desempenha um papel de destaque em toda intervenção oratória, seu estudo, achava-se, não poderia deixar de ser produtivo. Ao se apoderar do ethos, a análise do discurso enriqueceu sua metodologia, mas também se viu constrangida a se interrogar sobre os problemas causados por sua aplicação a todas as espécies de manifestações do discurso, inclusive as mais distantes das que são abordadas pela retórica tradicional.

Utiliza-se frequentemente a metáfora da caixa de ferramentas para designar os conceitos e os métodos dos quais os pesquisadores dessa ou daquela disciplina dispõem. Quando um artesão precisa cumprir uma tarefa, ele começa por escolher quais ferramentas lhe parecem adequadas. O mesmo se passa com o ethos em análise do discurso: existem *corpora* para os quais se pode pensar não ser ele uma ferramenta adequada. Sua área de rendimento máximo é aquela onde, através de textos escritos ou orais, se define uma identidade individual ou coletiva que, por um trabalho de posicionamento implícito ou explícito, deve fazer "boa figura", mostrar uma forma coerente e significativa para determinada coletividade. Em contrapartida, a partir do momento em que o ethos é imposto pelo tipo ou gênero de discurso, ou que perde sua compacidade, seu poder heurístico é mais fraco. Nesses limites — que abrem, quando menos, um campo imenso —, o ethos é uma ferramenta valiosa para a análise do discurso, porque mais próximo de seus interesses essenciais. De fato, o ethos está em consonância com seu esforço constante de articular campos geralmente considerados como disjuntos: o corpo e a fala, o texto e o contexto, a linguagem e a ação, o singular e o coletivo etc.

Referências

AMOSSY, R. (org.) (1999). *Images de soi dans le discours. La construction de l'ethos*. Lausanne: Delachaux et Niestlé.

____ (2010). *La présentation de soi. Ethos et identité verbale*. Paris: PUF.

____ (2018). "Analyser la réparation d'image dans le discours électoral: bilan et perspectives". In: *Langage et société*, 164, p. 9-23.

ANGERMULLER, J. (2003). "Discours et champs intellectuels: l'antagonisme entre 'humanistes' et 'prophètes' et le discours des sciences humaines dans les années 60 et 70". In: AMOSSY, R.; MAINGUENEAU, D. (orgs.). *L'Analyse du discours dans les études littéraires*. Toulouse: Presses Universitaires du Mirail, p. 83-92.

ARISTÓTELES (1967 [1938]). *Rhétorique*. Trad. M. Dufour. Paris: Les Belles-Lettres.

AUROUX, S. (org.) (1990). *Encyclopédie philosophique universelle*, vol. 2: *Les notions philosophiques*. Paris: PUF.

AUTHIER-REVUZ, J. (1995). *Ces mots qui ne vont pas de soi. Boucles réflexives et non-coïncidences du dire*. 2 volumes. Paris: Larousse.

BAKHTIN, M. (1970). *La poétique de Dostoïevski*. Traduzido do russo por I. Kolitcheff. Paris: Éditions du Seuil.

____. (1982) [1965]. *François Rabelais et la culture populaire au Moyen Âge et sous la Renaissance*. Trad. fr. Paris: Gallimard.

BARATS, C.; LEBLANC, J.-M.; FIALA, P. (2013). "Approches textométriques du web: *corpus* et outils". In: BARATS, C. (org.). *Manuel d'analyse du web*. Paris: A. Colin, p. 100-124.

BARTHES, R. (1970). "L'ancienne rhétorique. Aide-mémoire". In: *Communications*, 16, p. 172-223.

BASSO FOSSALI, P.-L.; DONDERO, M.-G. (2011). *Sémiotique de la photographie*. Limoges: Pulim.

BATTIFOL, P. (1895). *Histoire du bréviaire romain*. Paris: Alphonse Picard et Fils.

BAUMLIN, J. S.; BAUMLIN, T. F. (1994). *Ethos. New Essays in Rhetorical and Critical Theory*. Dallas: Southern Methodist University Press.

BERLAN, F. (1989). "Étude contextuelle du mot style et de ses substituts dans les *Réflexions sur la poétique* du Père Rapin". In: *Rhétorique et discours critiques*. Paris: Presses de l'École Normale Supérieure, p. 91-102.

BLYTHE, R. (1966). "'Introduction" à *Emma*. New York: Penguin Books, p. 7-32.

BOURDIEU, P. (1977). "L'économie des échanges linguistiques". In: *Langue française*, 34, p. 17-34.

____ (1979). *La Distinction. Critique sociale du jugement*. Paris: Les Éditions de Minuit.

____ (1980). *Le Sens pratique*. Paris: Minuit.

____ (1984). *Homo academicus*. Paris: Minuit.

____ (1998 [1992]). *Les règles de l'art. Genèse et structure du champ littéraire*. Paris: Seuil.

BRÉMOND, H. (1916). *Histoire littéraire du sentiment religieux en France*. Tome I. Paris: Bloud & Gay.

BRIAND, M. (2018). "Des Femen à Lysistrata: la présence par effraction des femmes". In: GUILBARD, A.-C.; TRUCHOT, P.-J. (orgs.). *Présence par effraction et par intrusion. La Licorne*, 130. Presses Universitaires de Rennes, p. 17-36.

BYRNE, P. (org.) (2004). *Jane Austen's 'Emma'. A Sourcebook*. London: Routledge.

CHARAUDEAU, P. (2005). *Le Discours politique. Les masques du pouvoir*. Paris: Vuibert.

CIORAN, E. (1964). *La chute dans le temps*. Paris: Gallimard.

COULOMB-GULLY, M. (2012). *Présidente: le grand défi*. Paris: Payot.

____ (2016). *8 femmes sur un plateau — Journalisme, sexe et politique*. Paris: Nouveau Monde Édition.

DASCAL, M. (1999). "L'ethos dans l'argumentation: une approche pragma-rhétorique". In: AMOSSY, R. (org.), p. 61-74.

DECLERCQ, G. (1992). *L'art d'argumenter — Structures rhétoriques et littéraires*. Paris: Editions Universitaires.

DAPHY, E. (1993). "Le micro à l'église". In: PÉTONNET, C.; DELAPORTE. Y. (orgs.). *Ferveurs contemporaines. Textes d'anthropologie urbaine offerts à Jacques Gutwirth*. Paris: L'Harmattan, p. 57-74.

DUCROT, O. (1984). *Le dire et le dit*. Paris: Minuit.

FAIRCLOUGH, N. (2003). *Analyzing Discourse. Textual Analysis for Social Research*. London: Routledge.

FORESTIER, G. (1990). *Molière en toutes lettres*. Paris: Bordas.

FOUCAULT, M. (1966). *Les mots et les choses*. Paris: Gallimard.

FUSULIER, B. (2011). "Le concept d'ethos". In: *Recherches sociologiques et anthropologiques*, 42-1, p. 97-109 (http://journals.openedition.org/rsa/661; último acesso: 07 fev. 2020).

GIDDENS, A. (1991). *Modernity and Self-Identity. Self and Society in the Late Modern Age*. Cambridge: Polity Press.

GOFFMAN, E. (1997). "The Presentation of Self in Everyday Life" (1956). Repris dans *The Goffman Reader*. LEMERT, Ch.; BRANAMAN, A. (orgs.). Blackwell.
GRAHAM, P.W. (2007). *Jane Austen and Charles Darwin*. Farnham: Ashgate Publishing.
GREIMAS, A.-J.; COURTÈS, J. (1979). *Sémiotique. Dictionnaire raisonné de la théorie du langage*. Paris: Hachette.
GRÉSILLON, A.; MAINGUENEAU, D. (1984). "Polyphonie, proverbe, détournement". In: *Langages*, 74, p. 112-125.
JAKOBSON, R. (1963). "Linguistique et poétique". In: *Essais de linguistique générale*. Trad.: N. Ruwet. Paris: Minuit.
KERBRAT-ORECCHIONI, C. (1996). *La Conversation*, Paris, Seuil.
____ (2002). "Système linguistique et ethos communicatif". In: *Cahiers de praxématique*, 38, p. 35-57.
LA MANTIA, F. (2016). "La strategia del ventriloquo. Sul portavoce". In: *Revista di Filosofia del Lenguaggio* 10, 2, p. 153-164.
LOUETTE, J.-F. (2007). "Revanches de la bêtise dans *L'Idiot de la famille*". In: *Recherches & Travaux*, 71, p. 29-48.
MAINGUENEAU, D. (1982). "Réseaux d'associations et mots clés en analyse du discours", *Cahiers de Lexicologie*, 1982-I, p. 3-10.
____ (1983). *Sémantique de la polemique*. Lausanne: L'Âge d'Homme.
____ (1984). *Genèses du discours*. Liège: Mardaga.
____ (1986). *Eléments de linguistique pour le texte littéraire*. Paris: Bordas.
____ (1987). *Nouvelles tendances en analyse du discours*. Paris: Hachette.
____ (1998a). *Analyser les textes de communication*. Paris: Dunod.
____ (1998b). "Scénographie de la lettre publique". In: SIESS, Jurgen (org.). *La lettre entre réel et fiction*. Paris: SEDES.
____ (1999). "Ethos, scénographie, incorporation". In: Amossy, R. (org.). *Images de soi dans le discours – La construction de l'ethos*. Lausanne, Delachaux et Niestlé, p. 75-100.
____ (2000). "Lecture, incorporation et monde éthique". In: *Etudes de linguistique appliquée*, 119, p. 265-276.
____ (2002). "Problèmes d'ethos". In: *Pratiques*, 113, p. 55-68 (trad. br.: "A propósito do ethos" (2008). In: MOTTA, A. R.; SALGADO, L. (orgs.). *Ethos discursivo*. São Paulo: Contexto, p.11-32).
____ (2004). "Hyperénonciateur et 'particitation'". In: *Langages*, 156, p. 111-127.
____ (2007). "Parole populaire, ethos discursif et roman". In: PETITJEAN, A.; PRIVAT, J.-M. (orgs.). *Les Voix du peuple et leurs fictions*. Metz: Université de Metz, p. 263-286.
____ (2010). *Doze conceitos em análise do discurso*. São Paulo, Parábola.
____ (2012a). *Les Phrases sans texte*. Paris: Armand Colin [ed. br.: *Frases sem texto*. Trad.: S. Possenti *et alii*. São Paulo: Parábola, 2014].
____ (2012b). "Aforizações políticas, mídias e circulação de enunciados". In: Linguasagem, 20, Universidade Federal de São Carlos (www.letras.ufscar.br/linguasagem; último acesso: 07 fev. 2020).
____ (2013a). "Genre de discours et Web: existe-t-il des genres Web?". In: BARATS, C. (org.). *Manuel d'analyse du Web en sciences humaines et sociales*. Paris, A. Colin, p. 74-93.

MAINGUENEAU, D. (2013b). “Écrivain et image d’auteur”. In: ____; PASCALE, Delormas; INGER, Østenstad (orgs.). *Se dire écrivain. Pratiques discursives de la mise en scène de soi*. Limoges: Lambert-Lucas, p. 13-28.

____ (2013c). “L’ethos: un articulateur”. In: *COnTEXTES* (en ligne), 13 (http: //contextes.revues.org/5772).

____ (2014a). “Retour critique sur l’ethos”. In: *Langage et Société*, 149, p. 31-48.

____ (2014b). *Discours et analyse du discours*. Paris: A. Colin. [ed. bras.: *Discurso e análise do discurso*. Trad.: S. Possenti. São Paulo: Parábola, 2015].

____ (2015). “O poeta e o camponês: o impossível ponto de vista do dominado”. In: LARA, G. P.; LIMBERTI, R. P. (orgs.). *Discurso e (des)igualdade social*. São Paulo: Contexto, p. 95-108.

____ (2016). *Análise de textos de comunicação*. São Paulo: Cortez.

____ (2019). “A inquietude da análise do discurso”. In: *Polifonia*, v. 26, n. 43.

MAITRE, M. (1999). *Les précieuses. Naissance des femmes de lettres en France au XVIIe siècle*. Paris: Champion.

MARCOCCIA, M. (2004). “Le paradoxe du porte-parole”. In: DELAMOTTE-LEGRAND, R. (org.). In: *Médiations langagières*, vol. 2. Rouen: Publication de l’Université de Rouen, p. 146-166.

MARTEL, G. (2019). “Dynamique interactionnelle et négociation des ethos politique et journalistique en contexte de scandale politique.” In: *Communication* (*online*), vol. 36/2.

ORKIBI, E. (org.) (2015). “Le(s) discours de l’action collective: contextes, dynamiques et traditions de recherche”. In: *Argumentation et analyse du discours* (*online*), 14 (http://aad.revues.org/2002; último acesso: 2020).

PAISSA, P.; Druetta, R. (2019). *La répétition en discours*. Paris: Harmattan.

PAVEAU, M.-A. (2009). “Une énonciation sans communication: les tatouages scripturaux”. In: *Itinéraires* (disponível em: http://journals.openedition.org/itineraires/353; DOI: 10.4000/itineraires.353; último acesso: 7 fev. 2020).

____ (2017). *L’Analyse du discours numérique. Dictionnaire des formes et des pratiques*. Paris: Hermann.

____; ZOBERMAN, P. (2009). “Corpographèses ou comment on/s’écrit le corps”. In: *Itinéraires*, 2009-1, p. 7-19.

RABATEL, A. (2004). “Effacement énonciatif et effets argumentatifs indirects dans l’incipit du *Mort qu’il faut* de Semprun”. In: *Semen* (*online*), n° 17 (http://journals.openedition.org/semen/2334; último acesso: 07 fev. 2020).

____ (2005). “Les postures énonciatives dans la co-construction dialogique des points de vue: co-énonciation, sur-énonciation, sous-énonciation”. In: BRES, J. *et al* (orgs.). *Dialogisme et polyphonie. Approches linguistiques*. De Boeck-Duculot, p. 95-110.

____ (2015). “Des répétitions dans le discours religieux: l’exemple des litanies”. In: *Le discours et la langue*. Cortil-Wodon: Editions modulaires européennes, 7 (2), p. 23-38.

ROSSETTE, F. (2017). *Prendre la parole en anglais*. Paris: Armand Colin.

____ (2019). *Public Speaking and the New Oratory*. London: Palgrave.

SOUCHIER, E. (1996). "L'écrit d'écran, pratiques d'écriture & informatique". In: *Communication & Langages*, 7, p. 105-119.

SOUCHIER, E. (1998). "L'image du texte. Pour une théorie de l'énonciation éditoriale". In: *Les Cahiers de médiologie*, n° 6, p. 137-145.

SOUCHIER, E. (2007). "Formes et pouvoirs de l'énonciation éditoriale". In: *Communication et langages*, 154, p. 23-38.

TODD, J. (2006). *The Cambridge Introduction to Jane Austen*. Cambridge: Cambridge University Press.

VION, R. (2001). "'Effacement énonciatif' et stratégies discursives". In: *De la syntaxe à la narratologie énonciative*. DE MATTIA, Monique; JOLY, André (orgs.). Gap et Paris: Ophrys, 331-354.

WOERTHER, F. (2007). *L'èthos aristotélicien. Genèse d'une notion rhétorique*. Paris: Vrin.

Coleção Lingua[gem]

1. *Português ou brasileiro? Um convite à pesquisa*, Marcos Bagno
2. *Linguagem & comunicação social*, Manoel Luiz Gonçalves Corrêa
3. *Por uma linguística crítica*, Kanavillil Rajagopalan
4. *Educação em língua materna: a sociolinguística na sala de aula*, Stella Maris Bortoni-Ricardo
5. *Sistema, mudança e linguagem*, Dante Lucchesi
6. *"O português são dois"*, Rosa Virgínia Mattos e Silva
7. *Ensaios para uma sócio-história do português brasileiro*, Rosa Virgínia Mattos e Silva
8. *A linguística que nos faz falhar*, Kanavillil Rajagopalan & Fábio Lopes da Silva [orgs.]
9. *Do signo ao discurso*, Inês Lacerda Araújo
10. *Ensaios de filosofia da linguística*, José Borges Neto
11. *Nós* cheguemu *na escola, e agora?*, Stella Maris Bortoni-Ricardo
12. *Doa-se lindos filhotes de* poodle, Maria Marta Pereira Scherre
13. *A geopolítica do inglês*, Yves Lacoste [org.]
14. *Gêneros*, José Luiz Meurer, Adair Bonini & Désirée Motta-Roth [orgs.]
15. *O tempo nos verbos do português*, Mª Luiza M. S. Corôa
16. *Considerações sobre a fala e a escrita*, Darcilia Simões
17. *Princípios de linguística descritiva*, Mário A. Perini
18. *Fundamentos empíricos para uma teoria da mudança linguística*, U. Weinreich, W. Labov & M. I. Herzog
19. *Por uma linguística aplicada indisciplinar*, Luiz Paulo da Moita Lopes
20. *Origens do português brasileiro*, Anthony Julius Naro & Maria Marta Pereira Scherre
21. *Introdução à gramaticalização*, Sebastião Carlos Leite Gonçalves, Mª Célia Lima-Hernandes & Vânia Cristina Casseb-Galvão [orgs.]
22. *O acento em português*, Gabriel Antunes de Araújo [org.]
23. *Sociolinguística quantitativa*, Gregory R. Guy & Ana Maria Stahl Zilles
24. *Metáfora*, Tony Berber Sardinha
25. *Norma culta brasileira*, Carlos Alberto Faraco
26. *Padrões sociolinguísticos*, William Labov
27. *Gênese dos discursos*, Dominique Maingueneau
28. *Cenas da enunciação*, Dominique Maingueneau
29. *Estudos de gramática descritiva*, Mário A. Perini
30. *Caminhos da linguística histórica*, Rosa Virgínia Mattos e Silva
31. *Limites do discurso*, Sírio Possenti
32. *Questões para analistas do discurso*, Sírio Possenti
33. *Linguagem & diálogo*, Carlos Alberto Faraco
34. *Nomenclatura Gramatical Brasileira*, Claudio Cezar Henriques
35. *Língua na mídia*, Sírio Possenti
36. *Malcomportadas línguas*, Sírio Possenti
37. *Linguagem. Gênero. Sexualidade*, Ana Cristina Ostermann & Beatriz Fontana [orgs.]
38. *Em busca de Ferdinand de Saussure*, Michel Arrivé
39. *A noção de "fórmula" em análise do discurso*, Alice Krieg-Planque
40. *Geolinguística*, Suzana Alice Marcelino Cardoso
41. *Doze conceitos em análise do discurso*, Dominique Maingueneau
42. *O discurso pornográfico*, Dominique Maingueneau
43. *Falando ao pé da letra*, Roxane Rojo
44. *Nova pragmática*, Kanavillil Rajagopalan
45. *Bakhtin desmascarado*, Jean-Paul Bronckart & Cristian Bota
46. *Gênero textual, agência e tecnologia*, Carolyn R. Miller
47. *Linguística de texto: o que é e como se faz?*, Luiz Antônio Marcuschi
48. *A gramática passada a limpo*, Maria Helena de Moura Neves
49. *O sujeito em peças de teatro (1833-1992)*, Maria Eugênia Lammoglia Duarte [org.]
50. *Português no século XXI*, Luiz Paulo da Moita Lopes [org.]
51. *Da linguística formal à linguística social*, Roberto Gomes Camacho
52. *Estudos do discurso*, Luciano Amaral Oliveira [org.]
53. *Gênero*, Anis B. Bawarshi & Mary Jo Reiff
54. *Introdução à teoria enunciativa de Benveniste*, Valdir do Nascimento Flores
55. *Linguística aplicada na modernidade recente*, Luiz Paulo da Moita Lopes [org.]
56. Gramáticas contemporâneas do português, Maria Helena de Moura Neves & Vânia Cristina Casseb-Galvão
57. *Letramentos sociais, na etnografia e na educação*, Brian V. Street
58. *A ordem das palavras no português*, Erotilde Goreti Pezatti
59. *Frases sem texto*, Dominique Maingueneau
60. *Espanhol e português brasileiro*, Adrián Pablo Fanjul & Neide Maia González [orgs.]
61. *Sujeitos em ambientes virtuais*, Maria Cecilia Mollica, Cynthia Patusco & Hadinei Ribeiro Batista [orgs.]
62. *Vološinov e a filosofia da linguagem*, Patrick Sériot
63. *A história das línguas*, Tore Janson
64. *Discurso e análise do discurso*, Dominique Maingueneau
65. *Sobre a fala dialogal*, Lev Jakubinskij
66. *Retórica da ação letrada*, Charles Bazerman
67. *Teoria da ação letrada*, Charles Bazerman
68. *Unidade e variação na língua portuguesa*, André C. Valente
69. *Linguística funcional*, Maria Angélica Furtado da Cunha, Mariangela R. de Oliveira & Mário Eduardo Martelotta [orgs.]
70. *O texto e seus conceitos*, Ronaldo de Oliveira Batista [org.]
71. *Gramáticas brasileiras*, Carlos Alberto Faraco & Francisco Eduardo Vieira [orgs.]
72. *Saussure, o texto e o discurso*, Marcio Alexandre Cruz, Carlos Piovezani & Pierre-Yves Testenoire [orgs.]
73. *O efeito Saussure*, Carlos Alberto Faraco [org.]
74. *Dinâmicas funcionais da mudança linguística*, Marcos Bagno, Vânia Casseb-Galvão & Tânia F. Rezende [orgs.]
75. *Gêneros no contexto brasileiro*, Benedito Gomes Bezerra
76. *A pessoa no discurso*, Adrián Pablo Fanjul
77. *O todo da língua*, Vânia Casseb-Galvão & Maria Helena de Moura Neves [orgs.]
78. *Saussure e Benveniste no Brasil*, Valdir do Nascimento Flores
79. *Mikhail Bakhtin*, Alastair Renfrew
80. A *gramática tradicional – História crítica*, Francisco Eduardo Vieira
81. *Filologia, história e língua – Olhares sobre o português medieval*, Leonardo Lennertz Marcotulio; Célia Regina dos Santos Lopes; Mário Jorge da Motta Bastos & Thiago Laurentino de Oliveira
82. *Qual política linguística? Desafios glotopolíticos contemporâneos*, Xoán Carlos Lagares
83. *Análise de discurso crítica – para linguistas e não linguistas*, José Ribamar Lopes Batista Jr.; Denise Tamaê Borges Sato & Iran Ferreira de Melo [orgs.]
84. *A linguística, o texto e o ensino da língua*, José Carlos Azeredo
85. *Língua portuguesa – Tradições e modernidade*, Tania Maria N. de L. Camara; Denise S. Santos; Flávio de A. Barbosa & Alexandre do A. Ribeiro [orgs.]
86. *Objeto Língua – Inéditos e revisitados*, Marcos Bagno
87. *NURC – 50 anos*, Miguel Oliveira Jr. [org.]
88. *O dialeto caipira*, Amadeu Amaral
89. *Variações sobre o ethos*, Dominique Maingueneau
90. *O sujeito gramatical no português brasileiro – expressão, concordância, ergatividade e afetamento*, Vânia Cristina Casseb-Galvão; Gian Luigi De Rosa; Kleber Aparecido Silva & Lennie Aryete Pereira Bertoque [org.].
91. *História das línguas, história da linguística – homenagem a Carlos Alberto Faraco*, Marcos Bagno e Francisco E. Vieira [org.]
92. *O português daqui, dali e de lá – por uma língua que nos una*, Denise Salim dos Santos & Flávio de Aguiar Barbosa [org.]
93. *Discurso e (pós)verdade*, Luzmara Curcino, Vanice Sargentini & Carlos Piovezani [org.].

Esta obra foi composta em Electra LT 11,5/15 e Seravek 10/14
e impressa em papel Pólen Soft 80g
para a **Parábola Editorial** em maio de 2021.

Impressão e acabamento:
Forma Certa Soluções Gráficas

nota da editora

DIGA NÃO À CÓPIA

pratique essa ideia

Quando você copia uma obra, está contribuindo para que nos próximos anos os alunos não tenham mais o que copiar, porque:

1. Não haverá autores interessados em produzir textos. A produção de um livro demanda muito tempo, formação específica e dedicação, e eles precisam trabalhar para viver.
2. Também não haverá editoras interessadas em investir em uma obra que ficará estocada, especialmente quando se tratar de obras traduzidas. Os alunos do futuro terão de ler as obras na língua em que foram editadas.
3. E mais: você está contribuindo para acabar com o emprego de funcionários de gráficas, editoras, para o fechamento de livrarias, para o empobrecimento da cultura do país, além, é claro, de violar a lei de direitos autorais (Lei nº 9.610/98), praticando um CRIME previsto no artigo 184 do Código Penal, sem prejuízo de ter que reparar o dano causado.

E para que isso? A cópia custa em média R$ 0,15 por página. Este livro, R$ 0,16. POR QUE, ENTÃO, NÃO TÊ-LO?

Além do mais, cópias se perdem ao longo do temppo. O livro não. Ele é para sempre, pode ser repassado a outras pessoas, é fundamental para a formação de todo profissional que se pretenda competente. Todo bom profissional precisa de uma biblioteca própria. Para isso a Parábola Editorial contribui pondo no mercado livros com qualidade gráfica e de conteúdo a melhor preço que a cópia.

Quando você diz não à cópia, está dizendo não à violência e à falta de ética... Pode não parecer, mas quando copia uma obra na qual se empenhou tanto trabalho para que ela virasse um livro e chegasse ao mercado, você está colaborando com a corrupção que alimenta nosso crônico atraso!